Luisa Francia · Wohnungen der Geister

Luisa Francia

Wohnungen der Geister

*Vom praktischen Umgang
mit allem, was
man nicht gleich versteht*

nymphenburger

Besuchen Sie Luisa Francia im Internet unter www.salamandra.de
und die nymphenburger unter www.herbig.net

© 2002 nymphenburger in der F. A. Herbig
Verlagsbuchhandlung GmbH, München.
Alle Rechte, auch der fotomechanischen Vervielfältigung
und des auszugsweisen Abdrucks, vorbehalten.
Schutzumschlaggestaltung: Wolfgang Heinzel
Schutzumschlagmotiv: Luisa Francia
Satz: Schaber, Satz- und Datentechnik, Wels
Gesetzt aus 10,6/15,5 Punkt Trump Mediaeval in Quark XPress
Druck: Jos. C. Huber KG, Dießen
Binden: R. Oldenbourg, Heimstetten
Printed in Germany
ISBN 3-485-00900-8

Die Kunst ist, die Wirklichkeit,
die es scheinbar nicht gibt, hervorzurufen
und die Wirklichkeit, von der man glaubt,
es gebe sie, aufzulösen.

Inhalt

3
Die moderne Welt 143
Neue Wohnungen der Geister

1
Das belebte Universum

Energien jenseits von Zeit und Raum

Wenn wir uns mit Geistern beschäftigen, müssen wir anfangen, uns Fragen zu stellen. Wie real sind Geister oder Geistwesen? Sind wir denn selbst überhaupt real? Oder stimmt es etwa, dass wir der Traum der Schmetterlingsfrau der Navajo oder das Gewebe der Spinnenfrau sind? Sind wir ein Experiment höherer Wesen, die an uns ihren Machttrip ausleben? Sind wir Schachfiguren in einem höheren Plan oder das Gewebe in einem alten Teppich, in den lange vor unserer Zeit jemand schon genau eingewoben hat, welchen Weg wir gehen werden? Ist alles das, was wir erleben, Wirklichkeit oder reisen wir auf einem gigantischen Trip, einer Art Humanismus-Droge, die uns suggeriert, dass wir auf diesem Planeten leben, hoffen, lieben, hassen, genießen und sterben? Die Buddhisten stellen sich diese Frage ja schon immer und sind zu der interessanten These gekommen, dass in Wirklichkeit nichts existiert. Ist alles Illusion? Unsere Gefühle geben uns ein, dass alles schön und sinnvoll oder Ekel erregend sinnlos ist, je nach Tagesform. Vielleicht gehen ja die Christen von einer ähnlichen Annahme aus, denn wie sonst könnte man sich erklären, dass so schreckliche Verbrechen im Namen Gottes begangen wurden wie die Ausrottung der Menschen in der so genannten Dritten Welt, die Hexenverfolgungen, die Kreuzzüge usw.

Als ich noch sehr jung war, warf jemand auf einer Studentenparty einen LSD-Trip in mein Bier. Ich hatte davon keine Ahnung und erlebte nach etwa einer halben Stunde, wie sich mein Wirklichkeitsbild vollkommen veränderte. Die Gesichter meiner Freundinnen und Freunde zum Beispiel verwandelten sich in Tiergesichter, und zwar derart überzeugend, dass ich hätte schwören können, sie hätten wirklich Tiergestalt angenommen oder, schlimmer, sie seien schon immer Tiere gewesen, nur sei es mir bisher nicht aufgefallen. Die modernen Hirnforscher können mir dieses Phänomen zwar restlos mit der Veränderung der Hirnchemie erklären, doch wer sagt mir, dass die ursprüngliche chemische Zusammensetzung nicht auch schon einer Manipulation unterliegt?

Solche Fragen, todernst gestellt, haben schon viele Menschen in die Psychiatrie verfrachtet, die ihrerseits ja auch mit chemischen Drogen arbeitet. Genau genommen kommt keine medizinische Branche ohne Chemie aus. Wenn jemand depressiv wird, ist die Lösung ja auch ein Medikament, das die betreffende Person wieder auf Normalität trimmt. Nur, wer sagt, dass die Realität, die schmucklose, farblose und ganz und gar sinnlose, die Depressive wahrnehmen, nicht das ursprüngliche dürre Gerüst ist, auf dem »gesunde« Menschen mit Gefühlen ihre Welt so einfärben, dass sie schön und erträglich wird?

Auf jenem unfreiwilligen Trip lernte ich, dass die Wahrnehmung der Welt auf einer Absprache beruht, auf Werten und Dekorationen, die uns von Kindheit an mit diesem Planeten kompatibel machen. In meiner fast dreißigjährigen Forschungsarbeit auf dem Gebiet magischer Traditionen und Heilkünste lernte ich, dass Heiterkeit der einzig wahre Zugang zu den Unabwägbarkeiten der verschiedenen Seinsebenen ist. FundamentalistInnen aller Art haben das Problem, dass sie an einer Stelle festhängen, wie eine Platte, die einen Sprung hat und immer dieselbe Musik wiederholen muss. Dazu kommt noch die große Angst: Was passiert, wenn die Musik weiterläuft? Was passiert, wenn ich einmal annehme, von all meinen mühsam gesammelten Werten könnte auch das Gegenteil wahr sein? Wie lebensfähig bin ich noch, wenn das Gute zum Schlechten wird und das Schlechte mitten im Guten beginnt? »Get real«, würde meine Tochter da sagen, während mein Lieblingsspruch ist: »Dream on!«

Offenbar steckt in allen Menschen der heimliche Wunsch, hinter den Zaun zu schauen. Der reißende Absatz von grausamen Krimis und Sciencefictionbüchern beweist das ebenso wie die Lust, sich in Horrorfilmen mit dem Schrecklichsten zu konfrontieren.

Die alten magischen Traditionen wussten um die

Zerbrechlichkeit unseres Wirklichkeitsbildes. Weise Frauen, die von der Kirche »Hexen«, häg-sen, also auf dem Hag (Zaun) Sitzende, genannt wurden, bewegten sich in diesem Grenzbereich. Schamaninnen und Schamanen, Zauberkundige, traditionelle Heilerinnen und Heiler tun das Gleiche. Ohne das Wissen, dass viele Ebenen existieren, dass wir hinter dem Zaun unserer Wirklichkeit neue, unbekannte, genauso wirkliche und kein bisschen virtuelle Wirklichkeiten finden, dass sich hinter jeder scheinbaren Sicherheit unendlich viele Unsicherheiten auftun, dass jede Wahrheit auch mit Lügen gehalten wird, finden wir den Weg nicht, der uns zum Tanz der Energien, zu den Geistern, zu Freude und Glück aus Hass und Angst zur Heilung führt – in die Be-geisterung!

In allen Kulturen waren deshalb Zauberkundige so gesucht wie gefürchtet. Nicht jeder Mensch möchte sich den komplexen Netzwerken der universellen Energien aussetzen und braucht gelegentlich eine Helferin, einen Helfer, um Probleme zu lösen, Krankheiten zu heilen, Wirklichkeit zu wandeln.

Wer jedoch in diese Ebenen einzutauchen wagt, ist gefährlich, nicht mehr kontrollierbar. Warum? Man kann so einer Person kaum noch Angst machen und Angst ist die Grundvoraussetzung für Kontrolle. Persönliche Macht, die aus unbekannten Quellen gespeist wird, ist für Herrschaftssysteme bedrohlich.

Wer mit dem Teufel isst, muss einen langen Löffel haben, sagt ein bayerisches Sprichwort. Was aber, wenn es keinen Teufel gibt, Himmel und Hölle immer hier und jetzt geschaffen werden, und zwar von uns selbst? Von unserer Gier, unserem Unvermögen, heiter und gelassen zu sein und beherzt im Augenblick zu leben? Die Jugendlichen, die in ihrer grenzenlosen Naivität satanistische Kulte abhalten und glauben, auf diese Weise mächtig zu werden, gehen einem ganz alten magischen Gesetz auf den Leim: Du ziehst an, was du aussendest. Die Bosse dieser Satanistengruppen sind immer machthungrige kleine Würstchen, die sich gern mit stärkeren Energien aufpumpen wollen. Mit den Folgen ihrer hirnverbrannten Manipulationen kommen sie jedoch alle nicht zurecht. Die Geschichte der Menschheit ist voll von Beispielen, wo das hinführt. Vom römischen Herrscher Nero, über Hitler zum afrikanischen Bokassa. Bereicherung war schon immer das Hauptmotiv, weshalb Menschen zu Zauberern und Magierinnen gegangen sind oder am liebsten selbst zaubern lernen und deshalb Kontakt mit Geistern aufnehmen wollen. Wie werde ich reich? Berühmt? Mächtig?

Nicht nur im Umgang mit Geistern empfiehlt sich die Frage: Wie werde ich heiter, gelassen, mitfühlend?

Der Kontakt zwischen Menschen und Geistern ist durchaus noch ausbaufähig, denn viele Begegnungen, die uns in Sagen, Legenden, persönlichen Erzählungen und Märchen überliefert sind, gingen gar nicht gut aus. Das größte Hindernis einer wirklichen Freundschaft ist die Gier der Menschen. Die Heinzelmännchen von

Köln zum Beispiel sollen verschwunden sein, weil eine Nutznießerin ihrer Dienste allzu neugierig war. Auch die berühmteste Ilse der Nation, die Frau des Fischers, scheiterte daran, dass sie alles haben konnte und immer noch nicht zufrieden war. Die vielen Krönchen-Nattern des Alpenraums wurden vom Geiz der Bauern vertrieben, die den magischen Schlangengeistern und damit ihrem eigenen Glück nicht einmal ein Schälchen Milch opfern wollten. Hinter den Geschichten steckt die Erkenntnis, dass einen Menschen, der nie genug bekommt, nicht einmal der kostbarste Schatz glücklich machen kann. Und dass der Umgang mit Geistern und Feen-Wesen aller Art Heiterkeit, Bescheidenheit und Mitgefühl erfordert.

Ein Bauer sah auf seinem Heimweg vom Feld in einem Waldweiher eine Frau baden. Ihre Kleider lagen unter einem Baum. Er konnte der Versuchung nicht widerstehen und besah sich die Kleider näher. Niemals hatte er so feines Gewebe gesehen, so zarte Farben, eine so sorgfältige Verarbeitung. Feengewebe! Er versteckte die Kleider. Als die Frau aus dem Weiher stieg und sah, dass der Bauer ihre Kleider versteckt hatte, bat sie ihn inständig, sie wieder herzugeben. Doch er weigerte sich. Er erinnerte sich, dass die Großmutter ihm erzählt hatte, wer einer »Saligen«, einer Weidenfrau, dem Geist der Weide, die Kleider raubt, den muss sie heiraten. Und solange sie ihre Kleider nicht wieder bekommt, kann sie nicht fliehen.

Widerstandslos ging sie mit ihm. Er hüllte sie in sei-nen Mantel. Zuhause versteckte er die feine Kleidung in einer Truhe, die er verschloss. Wann immer er das Haus verließ, nahm er den Schlüssel zur Truhe mit. Mit der Zeit glaubte er, die wilde Frau liebe ihn. Sie bat ihn auch nicht mehr, den Schlüssel zur Truhe he-rauszugeben. Sie gebar drei Töchter. Eines Morgens kam ein mächtiger Sturm auf. Der Bauer stürzte hi-naus, um sein Vieh vor dem Gewitter zu retten und in den Stall zu bringen. Und dieses eine Mal dachte er nicht an den Schlüssel für die Truhe. Die Salige sperrte geschwind die Truhe auf, bedankte sich bei den Sturmgeistern, legte ihre Kleider an, nahm ihre drei Töchter an der Hand und flog mit ihnen davon.

Geister – gibt's die?

Die mörderische Hitze scheuchte die wenigen Touristen früh am Morgen mit dem Sechs-Uhr-Flug wieder aus Timbuktu hinaus, doch ich hatte mir vorgenommen, die nächsten fünf Tage hier zu bleiben. Was hatte ich zu finden gehofft? Nichts eigentlich. Ich wollte Timbuktu wieder sehen und nicht nur – wie die meisten Touristen – wegen dem Stempel im Pass eine Nacht ausharren. Ich machte mich auf den Weg in die Wüste, Richtung Araouane, dem wirklich gottverlassensten Ort auf dieser Erde, eine im Sand ertrinkende kleine Siedlung von sesshaft gemachten Tuareg, die auch nicht so recht wissen, was sie da sollen. Ich nehme an, die Begegnung meiner Hardware mit 49 Grad im Schatten (ohne Schatten), die Einsamkeit, die Verlorenheit dieses kleinen Wüstenvolks, meine eigene Verlorenheit öffneten meine Wahrnehmung auf ungeahnte Weise. Ich fing an, vor mir herzugehen, hinter mir zurückzubleiben, ich dehnte mich aus, rollte vor meinen Füßen her, flog über meinen Kopf hinweg der gleißenden Sonne zu und war kaugummiartig weich gekaut, als ich schließlich am fünften Tag bei einem Marabout ankam. Hinter einer Düne polierte der heiße Wind ein paar tausend Menschenknochen, Tuareg, die während des Massakers 1992 umgebracht worden waren, während die Überlebenden versuchten, unter ihrem Zeltdach eine Existenz aus dem Sand zu kratzen.

Der Marabout erzählte mir dummes Zeug: »Diese Amulette habe ich für dich gemacht, du musst sie kaufen.« Tatsache war, dass er diese Amulette den toten Tuareg abgenommen hatte. Ich kenne Tuaregamulette, ich weiß bei den meisten sogar, aus welcher Gegend sie stammen. Diese hier waren aus der Gegend von Tessalit in Mali. Er sagte, diese Amulette würden mir Glück und Reichtum bringen. Ich fragte, ob es hier nicht ein paar Leute gebe, die das nötiger brauchten als ich. Doch er winkte nur ab. Da beschloss ich, anzunehmen, was er mir zu geben bereit war: zwei Amulette, Glück und Reichtum. Der Preis war für das alles verhältnismäßig gering. Aber dann passierte etwas sehr Merkwürdiges.

Schon als Kind wusste ich, dass es Geister gibt. Wie andere Kinder mit Spielzeug und Haustieren umgingen, so spielte ich mit Geistern. Von frühester Kindheit wusste ich auch, dass mir die Geister freundlich gesinnt sind, deshalb hatte ich auch nie Angst vor ihnen. Ich sprach mit ihnen, baute ihnen Nester, schmückte die Orte, an denen sie mir erschienen, aber ich konnte sie nie sehen. Jetzt plötzlich, in der Lehmhütte dieses Marabouts mit seiner Ray-Ban-Sonnenbrille und der Plastiktüte vom Flughafen Charles de Gaulle in Paris, öffnete sich eine andere Ebene. Ich konnte die Geister SEHEN, die die Menschen ritten. Ich sah Geister, die Menschen würgten, auf ihren Rücken sprangen und sie antrieben, ihnen ins Ohr flüsterten. Einer Frau, die sehr traurig war, hingen klebrige Geistergewebe bis zu den Füßen, in denen sie sich, ohne es zu merken, verheddderte.

Da ich ziemlich bodenständig und praktisch veranlagt bin, dachte ich sofort: Das ist die Hitze. Du halluzinierst. Aber die Erscheinungen kamen seither spontan und ohne Vorwarnung immer wieder. So wie ich seit einigen Jahren die Impulse wahrnehmen kann, die ein Fernsehbild zusammensetzen, wenn ich aus dem Augenwinkel auf den Bildschirm sehe, und so wie ich zu Zahlen, Tönen und Buchstaben schon immer Farben sehe, so wie mir die Nackenhaare aufstehen, wenn ich plötzlich genau weiß, was passieren wird, so sehe ich jetzt gelegentlich die Geister auf Menschen oder in Wohnungen, auf Plätzen in der Natur und auf Straßenkreuzungen in der Stadt. Es ist mir nicht unheimlich. Ich glaube auch nicht, dass ich verrückt bin. Ich denke, dass es sich verhält wie mit der Schwerkraft. Wir können sie nicht sehen. Nur weil sie alles anzieht und festhält, wissen wir, dass sie da ist. Das heißt, wir sehen diese Kraft nur durch ihre Wirkung auf die Umgebung. Vor allem Menschen, die davon recht wenig zu haben scheinen, pochen auf ihren Verstand, obwohl man ihn nicht sehen kann und er sich auch auf die Umgebung kaum auswirkt. Der Planet Pluto wurde nur durch seine Wirkung auf Neptun erkannt, gefunden. So ist es mit den Geistern. Auch Menschen, die sie nicht sehen können, sehen aber doch, was sie bewirken. Das ist in den Sprachschatz eingegangen: Von allen guten Geistern verlassen! Der gute Geist des Hauses! Es spukt! Es liegt was in der Luft!

Hilflos sind wir dieser Welt, diesem Universum ausgesetzt und haben uns daran gewöhnt, nur das zu glauben, was wir sehen, obwohl gerade unsere Augen uns oft trügen. Jeder Zirkuszauberer weiß, dass das Sehen leicht manipuliert und getäuscht werden kann. Doch wir halten uns an der Materie fest, weil wir Angst haben. Mag auch das »Rationale« erschreckend irrational sein, Kernkraft, Kriege, Profitgier – wie rational ist denn das alles noch für uns? Irrational will niemand sein. Da winken gleich die Irrenhäuser. Wer den Pfad des Bekannten verlassen will, begegnet zuerst einmal den weiß Gekleideten. Und wissen wir nicht seit Paul Watzlawik, dass »Verrückte« oft die Sensibelsten in einer Familie sind? Sei doch vernünftig! Und wie korrupt ist die Vernunft! Von jeder Binsenweisheit lässt sie sich ködern.

»Es gibt keine absolute Wirklichkeit, sondern nur subjektive, zum Teil völlig widersprüchliche Wirklichkeitsauffassungen, von denen naiv angenommen wird, dass sie der ›wirklichen Wirklichkeit‹ entsprechen«, gibt Paul Watzlawik zu bedenken.

Wir sind gewöhnt, in einem Universum aus Vernunft, aus Überschaubarkeit, Kontrolle, Analyse und Ergebnis zu leben. Aus dem Zeitalter des »Aberglaubens« wurde die »Aufklärung« herauszentrifugiert: Das Gewebe der Ahnungen, die etwas mit der Verbindung zu den Ahnen und Ahninnen zu tun haben, der Intuition, der nicht erklärbaren Gefühle, des Deutens von Zeichen und Bildern sollte damit endgültig vernichtet werden. Die christliche Kirche gab die Struktur vor: Spiritualität findet ab jetzt entweder in der offiziellen Religion statt oder gar nicht. Wer sich dem nicht beugte, wurde ausradiert. Der Geist sollte jetzt der Verstand sein, was immer das ist, der allgemein akzeptierte und doch sehr nebulöse Heilige Geist oder in der verspielten·Form vielleicht noch der Himbeergeist. Die Geister, die es nun, nach der Inquisition nicht mehr geben durfte, bekamen neue Namen. Aus Göttinnen und Göttern wurden Heilige und Selige. Rituale wurden umgeformt und in kirchenkompatible religiöse Handlungen gepresst, die übrigens der Einfachheit halber den alten spirituellen Traditionen abgeschaut wurden. Viele der alten Kommunikationsformen mit der Traumzeit, der Welt der nicht materiellen Seinsformen, wurden zu sinnleeren, sinnlosen, beschäftigungstherapeutischen, hohlen Bewegungsabläufen. So wurde aus dem wichtigsten Trancemittel der alten Zeit, dem Wiederholen von Lauten, das Rosenkranzbeten. Geräuchert wurde nun nicht, um mit Geistern Kontakt aufzunehmen, sondern um Macht über den Verstand der

Gläubigen auszuüben. Weihrauchbenebelt sangen und beteten die Menschen in den Kirchen jetzt um Vergebung ihrer Schuld. Das Schuldprinzip ist ja ein sehr wesentliches: Wer unschuldig ist, muss auch nichts abtragen und kann nicht erpresst werden. Selbst die kleinsten Kinder liefen nun mit dem Gewicht der Erbsünde herum. Wie könnten wir auch etwas abwerfen, mit dem wir schon geboren wurden!

Die Geister sind nicht vergessen. Unter dem Rock der Maria leben in westindischen und südamerikanischen Ländern die alten Göttinnen und Götter Westafrikas im Voodookult, im Macumba, im Candomblé, in der Santeria weiter. Maria, die aus dem Meer Geborene (marea), bekam die Attribute der uralten Göttinnen von Diana, über Artemis bis zu Oshun und Mami Wata mit auf den Weg. Meerstern, ich grüße dich! Sie trägt die Spindel der Babayaga, der Großmuttergöttin Osteuropas, und der Percht, der alten Muttergöttin des Alpenraums. Sie trägt den Sternenmantel der Nuth, der ägyptischen Himmelsgöttin. Sie trägt die Mandel, die das Weibliche, die Vagina, symbolisiert. Sie steht auf der Mondsichel, dem Symbol der uralten dreifachen Göttin, die Verschwinden und Wiederkehr, Geburt, Tod und neue Verkörperung bringt. Die heilige Margarethe wurde zur Bezwingerin des Drachen. Und war nicht der Drache das Symbol der wilden Kraft, der Menstruation der Frauen!

Der christliche Glaube an das Böse, den Teufel, zeigt vielleicht am deutlichsten, wie groß die Angst vor

21

Geistern, vor unkontrollierbaren Energien aus anderen Ebenen immer noch ist. Teufelsaustreibungen finden noch immer sogar in Deutschland statt. Die Kirche hat den Menschen die Geister abgenommen und leider hat sie mit der Einführung von Gut und Böse auch das holistische Prinzip zerstört: Jedes Fragment ist ein Teil des Ganzen, schier unmerklich wandelt eine Kraft sich zur nächsten, Polaritäten gibt es nicht. Nur wenn wir ganz wach, bewusst und verantwortlich sind, können wir gefahrlos im Meer der Geistwesen und Energien surfen.

Doch auch die versiertesten Priester schafften es nicht, den Menschen die Angst vor der unbekannten Welt zu nehmen, der sie jetzt schutzlos ausgeliefert sind, weil es sie nicht geben darf. Die spielerische Ebene alter Religionen, mit Geistern zu sprechen, zu essen – wie beispielsweise in Mexiko, wo die Menschen mit ihren Toten einmal im Jahr ein Festmahl abhalten –, sie ins Leben der Menschen einzubeziehen und sie mit den Menschen zu versöhnen, wurde durch das Schuld-Sühne-Prinzip zu Unterwerfungsritualen vor dem grausamen, allmächtigen, allwissenden und unfehlbaren Gott verbogen. In fast allen großen Staatsreligionen (Islam, Judaismus, Christentum, Buddhismus) ist der göttliche Prototyp ein Mann, ein Sünder, und die Frau zählt eigentlich nicht und selten darf sie Priesterin sein. Bis vor kurzer Zeit wurde ja den Frauen von der Kirche noch nicht mal eine Seele zugestanden. Im

Islam ist die Frau Zubehör des Mannes. In einigen buddhistischen Traditionen kann eine Frau erst erleuchtet werden, wenn sie sich, im nächsten Leben, als Mann reinkarniert. Wir alle sind »schuldig, aus Sünde geboren«. Wir müssen leiden, denn nur Leiden reinigt die Seele?

Wie anders der Umgang mit Geistern! Oh, pardon, ich habe etwas falsch gemacht, habe dich beleidigt? Was darf ich dir anbieten? Wohlriechende Düfte? Ein Fest mit Tanz und Gelage? Herzlich gern. Hallo, ihr Geister! Wollt ihr nicht unsere Felder fruchtbar machen? Was sollen wir tun? Uns miteinander vergnügen? Gar kein Problem, lasst uns Orgien feiern! (Das Wort Orgie heißt eigentlich Ritualfest und wurde für Dionysos erfunden.) Anders als im Christentum, wo jeder Mensch schon als SünderIn geboren wird, ist im archaischen Umgang mit Geistwesen klar: Wir verhalten uns gelegentlich falsch, brechen Tabus, gehen über Grenzen. Das gleichen wir aus, indem wir Versöhnungsrituale feiern, bei denen wir selbst auch was zu lachen haben.

In Island wurde jetzt die heidnische Religion wieder zur Staatsreligion. Es gibt dort ÜbersetzerInnen für Geister, die beim Straßenbau zum Beispiel mit den Geistern verhandeln, ob es in Ordnung geht, die Straße über einen bestimmten Ort in der Landschaft zu legen oder nicht. Manchmal müssen die Geister umquartiert werden. Manchmal muss die Straße eine Biegung machen. Auch bei den Aborigines Australiens gibt es Abgesandte, die mit den Geistern sprechen, und heilige

Orte müssen ebenso geschützt werden wie Begräbnisorte, weil sonst die Ahnengeister sauer werden.

Ein amerikanischer Ureinwohner beschwerte sich bei einem Museum in Boston, dass die Gebeine seiner Ahnen dort im Keller herumliegen. Auf die Erwiderung des Museums, dass es Forschungsobjekte seien, auf die er kein Recht habe, antwortete er: Wie würde es ihnen gefallen, wenn ich die Gebeine ihrer Verwandten aus den Gräbern holen würde? Denn so unsensibel auch mit Ureinwohnern aller Länder umgegangen wird: Die Thematik Tod, Friedhof, Leichen ist ja auch in westlich-zivilisierten Gebieten durchaus mit ungeklärten Gefühlen belegt. Wie viele unserer Gruselgeschichten und Horrorfilme beschäftigen sich mit Leichenraub, mit unheimlichen Begegnungen auf Friedhöfen, mit Stimmen aus dem Jenseits! Die Zeit der Aufklärung mag mit der Vorgabe eingeläutet worden sein, dass jetzt alles ans Licht geholt und jeder Geisterglaube, jeder »Aberglaube« ausgerottet werden muss. Tatsache ist, dass in westlichen Gesellschaften das Wissen um die Traumzeit, um die Welt der Geister einfach eine Etage tiefer gedrängt – und damit umso geheimnisvoller, gruseliger und beängstigender wurde. Der Aberglaube hat einen Anzug bekommen und wird uns als wissenschaftliche Erkenntnis präsentiert.

Wie viele Forschungsergebnisse erwiesen sich als falsch! Wurde deshalb die Wissenschaft zu einer zweifelhaften Angelegenheit? Ganz und gar nicht. Irren ist menschlich. Stirbt ein Patient eines Schulmediziners, dann gab es eben keine Hoffnung mehr. Stirbt aber einer, der homöopathisch oder gar schamanisch behandelt wurde, steht fest: Scharlatane, Pfuscher haben diese Person umgebracht.

Wie erklären wir uns denn, dass ein Physiker des CERN, der Montblanc-Forschungsstation, von seinem Computer sagt, dass er »träumt«? Nähern sich nicht moderne Wissenschaftler wie Stephen Hawking oder Vilaynur Ramachandran der Welt der Schamanen an? Stephen Hawking spricht über das Universum wie über einen lebendigen Organismus. Und wie wollen wir verstehen oder gar verarbeiten, dass das Licht des Andromeda-Nebels etwa drei Millionen Jahre brauchte, um von uns überhaupt gesehen zu werden. Vielleicht schauen wir ja in eine Vergangenheit, die schon Jahrmillionen nicht mehr existiert? Wir sind einfach *nirgendwo* auf dem neuesten Stand.

Vilaynur Ramachandran, Hirnforscher und Psychiater, sagt, dass wir zwar mittlerweile viele Funktionen des Gehirns kennen und die Stirnlappen sogar eine Art Gottesmodul enthielten, doch wüssten wir nicht, weshalb diese Schaltstellen überhaupt da seien. Ich habe den Eindruck, die meisten Wissenschaftler, die uns so rational und wissenschaftlich alle Zusammenhänge zu erklären versuchen, verhalten sich wie jemand, der sich eine HiFi-Anlage nur wegen der Gebrauchsanweisung kauft. Die Mathematik, sagte mir eine befreundete Mathematikerin in München, sei in ihrer abstraktesten Form Spiritualität. Wer etwas über Geistenergien verstehen will, sollte sich den Film »Solaris« von Tarkovsky anschauen, der nach einem Buch des Wissenschaftlers Stanislaw Lem gedreht wurde. Eine intelligente Wolke im Universum konfrontiert da die Astronauten mit ihren geheimsten Wünschen und Fantasien und macht sie wirklich.

Es geht nicht darum, die Wissenschaft zu verteufeln und magische Praktiken zur einzig möglichen Methode hochzujubeln. Vielmehr ist es wichtig zu sehen, dass es viele Realitätsebenen gibt, dass Menschen die verschiedensten Wahrnehmungsrezeptoren und die verschiedensten Anlaufstellen zur Wahrnehmung haben. Dass es keine Instanz in diesem Universum gibt, die beschließen könnte: Das gibt es und das gibt es nicht. Es gibt eben alles. Oder, wie die Buddhisten sagen, es gibt nichts und alles, was wir wahrnehmen, sind unsere eigenen Projektionen. Eine amerikanische Sportfirma kreierte daraus den Slogan »It's all in the mind«. Unsere Projektionen hängen vielleicht von unserer Fähigkeit ab, Energie wahrzunehmen, auf unsere Ebene zu übertragen und zu übersetzen und sie in die materielle Welt, die es ja irgendwie auch nicht gibt, zu übertragen. Je unvoreingenommener, je spontaner und freier wir mit Energien umgehen können, umso mehr können wir »sehen« oder »ahnen«. Deshalb sind Kinder sicher den Geistwesen am nächsten. Sie wissen noch nicht, dass es diese Wesen gar nicht gibt, nicht geben darf. Wenn der zivilisatorische Schliff abgeschlossen ist, erinnern sich kaum noch Menschen an diese alten Kontakte. Mich erinnert das ein wenig an Freundschaften, die verboten und unterbunden werden. Die Erinnerung bleibt. Sie ist mit einem Tabu belegt, taucht immer wieder auf, wird verdrängt. Aber sie ist da. Dass ich eine Person nicht mehr sehen darf, heißt noch lange nicht, dass es sie nicht gibt. Dass ich die Sprache anderer Wesen im Universum nicht verstehe, heißt noch lange nicht, dass es diese Sprache nicht gibt. Dass Pluto bis in die Dreißigerjahre des letzten Jahrhunderts nicht entdeckt war, hieß ja auch nicht, dass Pluto nicht da war. Wir haben halt nichts davon gewusst. Was wissen wir schon?

Auf einer Visionssuche beim Hünengrab von Thuine in Westfalen fühlte ich die Anwesenheit der Ahnengeister sehr stark. Ich fiel spontan in Trance und sah plötzlich mitten in diesem Wald zwischen den alten Steinen einen hell schimmernden Container. Als ich mit den anderen Frauen darüber sprach, meinten einige, dass es vielleicht ein Raumschiff gewesen sei. Ich hatte keine Ahnung. Wieder zu Hause ging ich am Morgen Croissants holen. Wer beschreibt mein Erstaunen, als ich vor dem Gebäude der Bank genau den Container sah, der mir am alten Steingrab erschienen war? Wegen eines Umbaus war die Bank in den Container umquartiert worden. Ich musste lachen. Eine Vision ist nicht immer eine todernste Angelegenheit. Es geht überhaupt nicht darum, von Geistern immer entscheidende Informationen zu erhalten. Vielleicht gibt es eine Art Geistersmalltalk:

»Hallo, ist die Luft heute nicht wunderbar klar!«

»Die Bank baut um, hast du es schon bemerkt?«

»Wie soll ich es bemerkt haben, wenn noch gar kein Zeichen davon zu sehen ist?«

»Ach so, du bist natürlich im Zeit-Raum-Rahmen gefangen. Na ja. Jedenfalls haben wir dir's jetzt gesagt...«

Im Gespräch mit Geistern entstehen Impulse, die wir in Ahnungen, Bilder, Sprache umsetzen. Sie existieren in einer Ebene, in der Zeit und Raum keine Rolle spielen. Sie können etwas vermitteln, was woanders stattfindet, sie können auch einfach einen Witz erzählen. Gespräche mit Menschen sind ja auch nicht immer bedeutsam oder informativ, trotzdem führen wir sie.

Die Geistersprache
übersetzen

Ungeachtet der Diskussion darüber, ob es nun Geister gibt oder nicht, hat es schon immer Menschen gegeben, die es verstanden haben und auch heute noch verstehen, die Sprache der Geister wahrzunehmen, zu verstehen und auf unsere Sprach- und Verständnisebene zu transportieren.

In jeder Kultur gibt es Medizinleute, SchamanInnen, Zauberinnen und Zauberer, die wie kundige ÜbersetzerInnen einen Teilbereich der Geisterwelt verstehen. Interessant ist, dass es auch viele Handwerker gibt, die zum einen ihre Arbeit verstehen, zum anderen allerdings auch wissen, dass ohne Kontakt zu den Geistern von Wasserhähnen, Automotoren oder diversen Materialien die Arbeit nicht vollständig gelingen wird. Für den Mechaniker, der früher mein Auto reparierte, war es völlig selbstverständlich, mit dem Auto zu sprechen, während er daran arbeitete, und er fand es kein bisschen seltsam, wenn ich sagte: »Mein Auto braucht mal wieder die Berührung eines Fachmanns.«

Wie Übersetzer nicht alle Sprachen übersetzen können, sind auch schamanische und magisch begabte

Menschen oft nur mit ganz bestimmten Phänomenen der Geisterwelt vertraut. Am besten kennen sie sich mit ihren eigenen Hilfsgeistern aus oder mit den Geistern der Orte, Pflanzen oder Steine, mit denen sie am intensivsten im Austausch stehen. Meistens geht dieser Vertrautheit eine Art Initiation, ein Urerlebnis mit den entsprechenden Geistern voraus. Ich kenne viele Menschen, die Begegnungen mit einem Tier oder mit Pflanzen haben, die durchaus die Qualität einer schamanischen Kommunikation haben, die mit ihren Haushaltsgeräten, mit ihrem Auto, ihrem Motorrad reden, die spüren, wer sie anruft, wenn das Telefon klingelt. Eigentlich ist spiritueller Kontakt zu anderen Wesen etwas sehr Alltägliches. Es wird einfach nicht wahrgenommen oder so benannt.

Wie können wir sie wahrnehmen? Wie sprechen Geister? Nur Menschen, die eine sehr lebhafte akustische Wahrnehmungsfähigkeit haben, können Geister wirklich sprechen hören. Wir übersetzen die Impulse, die wir aus der Geisterwelt wahrnehmen, grundsätzlich in die sinnliche Wahrnehmung, die uns am meisten liegt. Wer gut visuell imaginieren kann, kommt den Geistern durch Bildgestaltung entgegen. Auch Kratzen, Scharren, Schritte, klagende Töne werden noch relativ leicht gehört. Manchmal entsteht eine feine Berührung auf der Haut, ein Lufthauch in einer sonst windstillen Situation. Auch Geruchsphänomene können den gelungenen Kontakt zur Welt der Geister signalisieren. Nur, woher wissen wir, dass das nicht alles Einbildung ist? Um das zu ergründen, müssen wir natürlich auch unser Wirklichkeitsbild genauer unter die Lupe nehmen. Wie viele Phänomene unseres Lebens entstehen durch Wunschvorstellungen und diszipliniertes Festhalten an diesen Trugbildern! Wie viele Frauen reden sich ihre Ehe, ihre Beziehung schön, obwohl nichts Schönes daran zu finden ist! Die Kraft der Fantasie ist unerschöpflich. »It's all in the mind!« Dieser Spruch läuft auf meinem Computer als Bildschirmschoner über den Monitor und erinnert mich immer wieder daran, dass alles, was Wirklichkeit ist, von uns wirklich gemacht wird. Die Frage ist also nicht: Sind Geister wirklich? Sondern: Wie schaffe ich es, die Wirklichkeit von Energien, von Geist-Wesen, von anderen Seins-Ebenen wahrzunehmen, zu übersetzen und in meine Wirklichkeit einzuweben? Susanne Wenger, die vor fünfzig Jahren nach Nigeria auswanderte und dort in den Yorubakult initiiert wurde, seither Yorubapriesterin für Obatala, den Schöpfungsgott, und Oshun, die Wassergöttin, ist, sagte einmal: »In Ritualen, in der rituellen Begegnung mit den Geistern und Göttern, wird die Welt neu erschaffen.«

Wer den Schritt gewagt hat, einmal anzunehmen, dass es mehr zwischen Himmel und Erde gibt, als wir wissen können, kann daran gehen, die eigene Wahrnehmungsfähigkeit genauer zu trainieren und die Sinne ganz lebendig zu machen. Denn die Wahrnehmung von Geistern hat nichts mit übersinnlichen Kräften zu tun, sondern mit der vollen Ausbildung der eigenen

Sinne. Der Körper wird zum Mittel für geistige Fähigkeiten und hört auf, den Geist zu blockieren. Der alte Streit zwischen Körper und Geist ist ja der, dass der Körper sagt: »Hör auf, darüber nachzudenken, dorthin zu fliegen. Ich kann nicht fliegen.«

Und der Geist erwidert: »Du kannst vielleicht nicht fliegen, aber ich kann fliegen, also hör auf, mich zu behindern.«

Bei einem schweren Unfall vor vielen Jahren verlor ich derart viel Blut, dass die Situation kritisch wurde. »Wie haben Sie das nur überstanden?«, fragte mich der Sanitäter, der mich später im Krankenhaus besuchte.

»Ich imaginierte mir die Blutkonserve, die ich später bekommen würde, und überbrückte so den lebensgefährlichen Zustand, in dem ich zu wenig Blut hatte«, sagte ich.

Wir beginnen, uns auf brüchigem Boden zu bewegen: Wie kann ein körperlicher Mangel durch geistige Kraft ausgeglichen werden? Tatsache ist, dass diesen virtuosen Akt fast jeder Mensch schon einmal bewältigt hat. Frauen gleichen zerstörerische, gewalttätige Lebenssituationen durch Fantasievorstellungen aus, tödliche Bedrohungen werden durch Aufwendung von Mut abgewendet, lebensgefährliche Situationen werden durch Beten oder Anrufen aller guten Geister bewältigt. Auch die Fähigkeit, sich zu verteidigen, entspringt erst einmal der Fähigkeit, die Verteidigung und die entsprechende Kraft zu denken, zu erfinden. Wo Energie gesammelt wird, um eine bestimmte Kraft zu formen, gesellen sich Geistwesen ganz natürlich dazu. Schlechte Stimmung zieht gemeine Geister an, Freude zieht lustige Geister an.

Daraus ergibt sich, dass wir anziehen, was wir selbst ausstrahlen. Und wenn wir mit Geistern in Kontakt treten wollen, tun wir gut daran, in bester Verfassung und Laune das Experiment anzugehen. Es ist auch von Vorteil, die eigene Wahrnehmungsfähigkeit immer wieder zu trainieren, um diesem grauen Zwischenreich von energetischen Erscheinungen gewachsen zu sein. Eine vorbereitende Übung könnte sein, einen Weg, den man täglich geht, in der Fantasie zu gehen. Zum einen wird klar, wie ungenau wir wahrnehmen, wie viele Details fehlen, wie schemenhaft schon unsere Rekonstruktion der materiellen Wirklichkeit ist. Zum anderen übt das die Fähigkeit, konzentriert ein Bild oder eine Art inneren Film zu imaginieren, bildlich entstehen zu lassen. Wer das ein paar Mal geübt hat, weiß, dass der Kontakt mit Geistern, die Fähigkeit, zu imaginieren und die Konzentration zu halten, anstrengend sein kann.

Die feine Wahrnehmung der Sinne ist die Grundvoraussetzung für die Wahrnehmung von Geistern, deren Manifestation ja sehr subtil ist.

Die akustische Wahrnehmung kann beispielsweise durch folgende Übung trainiert werden: Horchen Sie mit geschlossenen Augen zuerst auf die lauten, die offensichtlichen Geräusche und öffnen Sie dann das Ohr immer weiter, um immer noch feinere, entfern-

tere Töne und Geräusche wahrzunehmen und heraus-
zufiltern.

Auch das Imaginieren von Sinneswahrnehmungen ist
eine gute Übung, die Sinne und die Fantasie zu schu-
len. Farben, Bilder, Töne, Musik, Geschmack, Gerüche,
Gefühle auf der Haut zu imaginieren schärft die Wahrnehmungsfähigkeit und natürlich auch die Fähigkeit
zur Konzentration. Viele Menschen kennen diese Sin-
nesimagination, wenn sie zum Beispiel an ein schönes
Ereignis oder an den kommenden Urlaub denken. Aus
diesen Imaginationen entspringen die Pläne für kom-
mende Ereignisse, gleichzeitig helfen sie, die Sprache
der Geister verstehen und übersetzen zu lernen.

*Der Winter ist hart und die Inuit hungern. Die Jäger
kommen mit leeren Händen zurück. Da macht sich
ein junger Mann auf den Weg, um sein Volk zu retten
und die Mutter der Tiere zu finden und sie um Nahrung zu bitten. Er zieht lange Zeit durch Eis und
Schnee, ohne einer Seele zu begegnen. Da hört er einen
Ton, es ist ein leises Pochen. Je weiter er geht, umso
lauter wird das Pochen, bis es schließlich ein schier
unerträglich lautes Dröhnen geworden ist. Der Junge
trifft auf einen Adler. »Was ist denn das für ein Lärm!«,
fragt er ihn. »Das ist der Herzschlag der Adlermutter«, sagt der Adler. »Und was führt dich hierher?
Noch nie hat ein Mensch seinen Fuß auf diesen Boden gesetzt, diese Luft geatmet, denn die Geister lieben die Menschen nicht.« Der Junge seufzte und sagte:*

»Ich muss mein Volk retten, wenn wir keine Nahrung finden, wenn wir nichts jagen können, verhungern wir alle.«

»Geh zur Adlermutter«, riet ihm der Adler. »Vielleicht hat sie Lust, dir zu helfen.«

Der Junge ging weiter. Der Lärm wurde so unerträglich, dass er kaum noch atmen konnte, auch hatte er Angst. Dann stand er vor der Adlermutter.

»Wir verhungern«, konnte er nur stammeln. »Bitte hilf uns.«

»Ihr denkt immer nur an euer Fortkommen«, sagte die Adlermutter, »habt kein Mitgefühl mit anderen Wesen und nehmt euch, was ihr bekommen könnt. Aber wann tanzt ihr und feiert und ehrt alle Wesen?«

Der Junge war ganz erstaunt. »Wie geht das?«, fragte er.

Die Adlermutter gab dem Jungen eine Trommel und sagte: »Schlag auf diese Trommel, wie mein Herz schlägt, das du auf dem Weg hierher gehört hast. Das wird ein Zeichen für mich sein, dass ihr feiert und froh seid. Ich werde euch schon Nahrung schicken.«

Der Junge schlug genau den Rhythmus, den er auf dem Weg gehört hatte, und hüpfte durch den Schnee. Sein Herz war leicht. Die Adlermutter hielt ihr Versprechen und der Junge und seine Leute hielten auch ihr Versprechen. Zu jedem vollen Mond schlugen sie nun die Trommel und tanzten, riefen die Adlermutter und alle Tiere und dankten ihnen.

Reisemittel der Geister

Wie reisen Geister? Neutrinos zum Beispiel, diese kleinsten Energieteilchen des Universums, schweben durch die Luft. Schneller als Lichtgeschwindigkeit durchdringen sie jedes Material, nichts kann sie aufhalten. Die Explosion eines Sterns, einer Supernova, setzt unzählige dieser Wesen frei, die sich dann auf der Suche nach neuen Abenteuern zu neuen Ufern aufmachen. Die Wissenschaftler des Genfer Forschungsinstituts CERN haben herausgefunden, dass Neutrinos sich gern in Kohlenstoffsubstanz aufhalten, und haben so einige dieser Wesen eingefangen. Wie weit sie mit der Entzifferung ihrer Sprache gekommen sind, weiß ich nicht. Ich weiß nur, dass die Neutrinos nur so lange bleiben, wie sie Lust dazu haben. Denn wenn auch die Gedanken nicht mehr wirklich frei sind, umstellt von den Geräten der Wissenschaftler, gemessen, analysiert, nach ihrem Ursprung abgeklopft und von allerlei Absichten manipuliert – Geister sind frei.

Wenn wir erfahren wollen, was Geister dazu bewegt, sich eine Weile in unserer Nähe aufzuhalten, lernen wir am besten von den zaubermächtigen Personen alter

Kulturen. PriesterInnen, SchamanInnen, ZauberInnen haben schon in alter Zeit ihre Methoden gefunden, mit Geistern in Kontakt zu treten und ihre Botschaften zu entschlüsseln. Sie fanden zum Beispiel heraus, dass das monotone, klanglose Geräusch der Rasseln eine wirksame Straße für Geister ist. Wer rasselt, entrollt eine Bahn, auf der Geister reisen, mit dem perlenden Geräusch der Rassel schwingen können. Rasselnd verabschiedet sich der Verstand und gibt Räume frei, in denen nicht analysierte Impulse tanzen können.

Freilich gilt es bei uns als tabu, den Verstand aufzugeben. Man hört oft genug die Klage, dass jemand den Verstand verloren habe. Dass ihn jemand gefunden hätte, hört man allerdings nie. Der so genannte Verstand hat es verdient, unter die Lupe genommen zu werden. Besteht er nicht aus Erfahrungswerten, aus Gelerntem, Eingetrichtertem? Was uns als offizielle Wahrheit gilt, wird unter dem Menü Verstand abgespeichert. Damit können wir jetzt getrost unter die Leute gehen, denn was der Verstand wiedergibt, ist abgesichert, zumindest für den Augenblick. Der Verstand ist gewissermaßen die Sicherheitszone, in der man scheinbar nichts falsch machen, nicht abstürzen, nicht anecken und nicht bedroht werden kann. Aber wie oft hat uns denn dieser Verstand schon betrogen? Hat er nicht die geheime Neigung, in Vorurteile abzudriften, wird er nicht auch von unbekannten Kindheitshypnosen gespeist? Bis nicht jemand diesen Verstand überlistete und etwas trotz warnender Botschaften des

Verstandes wagte, galten uns gewisse Dinge als unmöglich. Hätte jemand versucht, einem Zeitgenossen Goethes das Internet zu erklären, wäre er mit Sicherheit im Irrenhaus gelandet. Und wer konnte sich schon vorstellen, einen Achttausender ohne Sauerstoff zu besteigen? Wir verstehen ja nur, was uns jemand gezeigt hat. Also braucht es immer Visionäre, die einen unbegangenen Pfad zum ersten Mal gehen. Visionäre beziehen ihre Bilder, ihre Überzeugungen jedoch sicher nicht von ihrem Verstand, sondern vom bewussten oder unbewussten Kontakt zu Geistern, die ihnen das Unbekannte erhellen.

Auch das schamanische Trommeln ist eine Lieblingsplattform der Geister. Wo getrommelt wird, klingt ein Signal auf: Hier sind Menschen bereit, die Grenze zwischen der materiellen und der nicht materiellen Welt zu überschreiten, sich ins Unbekannte zu wagen und Impulse aufzunehmen. Die Geister gesellen sich dazu und geben Informationen, führen die Menschen auch mal in die Irre, um ein bisschen Spaß zu haben. Schamanische Traditionen sind überzeugt, dass jeder Mensch einen Tiergeist als Helferwesen hat. Die Tiermütter, also die Mutter einer jeweiligen Tierart, wachen über das Leben der Menschen, helfen ihnen aus der Not und sind bereit, ihr Wissen weiterzugeben. Manchmal kommen sie, wenn sie mit Rasseln oder Trommeln, mit Gesang oder Musik gerufen werden. Aber sie kommen durchaus auch mal, wenn sie spüren, dass sie gebraucht werden.

Ich fuhr einmal im Winter zu einer Lesung. Vor mir warf ein Schneeräumfahrzeug den Schnee von der Straße. Eine Füchsin geriet vor dieses Räumfahrzeug und wurde in die verschneite Wiese geworfen – mit gebrochenem Rückgrat. Ich sah sie da liegen, hielt an und ging zu ihr. Sie blutete aus dem Maul. Ich nahm sie auf den Schoß und hielt sie. Sterbend drehte sie den Kopf und sah mich an. Diesen Blick werde ich nie vergessen. Ich hielt sie, streichelte sie und sang für sie, bis sie tot war. Als ich Jahre später selbst einen Verkehrsunfall hatte und mit gebrochenen Knochen auf der Straße lag, hatte ich wahnsinnige Schmerzen. Da kam die Füchsin, legte sich unter meinen zerbrochenen Körper und linderte meinen Schmerz. Sie half mir zu überleben. Seither begleitet sie mich. Ich lerne von ihr. Sie warnt mich. Sie bringt mich zum Lachen.

Geschleuderte Flüche sind auch ein beliebtes Reisemittel der Geister. Überall wo Gefühle hochkochen, wo Menschen sich wahnsinnig aufregen oder ekstatisch lachen, reisen die Geister mit. Ein Fluch ist eine lineare Bahn, auf der die Geister zur verfluchten, aber auch zur fluchenden Person reisen können. Sie bringen dann gern alles durcheinander, schüren die Wut auf der einen, die Beklemmung auf der anderen Seite. Wer jemanden verflucht, bindet in einer Art zerstörerischem Zauber nicht nur die Geister, sondern auch die verfluchte Person an sich.

Auch wenn Frauen übermütig um ein Ritualfeuer tanzen, ihre Wünsche formulieren und singen und lachen, sind die Geister dabei, freuen sich an der hohen Energie, surfen auf den Gesängen und weil sie unterhalten werden und Spaß haben, helfen sie, Wünsche wahr werden zu lassen.

In einem Ritual mit Freundinnen halfen wir einer Frau, ihren Wohnungswunsch zu formulieren und zu bekräftigen. Wir wurden immer lustiger. Ein Bauer kam und wollte wissen, wieso wir auf seinem (abgeernteten) Feld Feuer machten. Wir waren derart übermütig, dass er gutmütig ins Gelächter mit einstimmte und sogar noch einen Vorschlag zur Ausgestaltung der Wohnung zum Besten gab. Ein Baum in der Nähe begann bei völliger Windstille zu zittern vor Freude und ich hatte dauernd das Gefühl, dass jemand hinter mir steht. Wir riefen die vier Elemente und als die mächtigsten Feuer angerufen wurden, Fieber, Vulkan, Buschfeuer usw., sagte eine Frau plötzlich mit dünner Stimme: »Ich rufe die Feuerwehr.« Dass in diesem Augenblick der Ritualkreis im kreischenden Gelächter kollabierte, war wohl ausschlaggebend für den Erfolg. Diese Frau fand genau die Wohnung, die sie gesucht hatte, und richtete den Geistern einen hübschen Altar ein, den sie regelmäßig beräucherte. Denn auch wohlriechender Rauch ist ein bevorzugtes Reisemittel der Geister. Im Rauch tanzen sie und lassen sich treiben. Der Rauch zieht sie an. Gleichzeitig öffnet eine Kräuterräucherung auch unbekannte, verborgene Räume im Hirn und lässt neue Gedankenkombinationen blühen – beGEISTert eben.

Auch Spirituosen lieben die Geister und reisen so gern auf dieser flüchtigen Energie, dass sie bei Menschen, die hemmungslos saufen, gleich wohnen bleiben. Alkohol und Drogen sind Schwellenmittel. Wer sie nicht im Griff hat, liefert sich der Spielfreude der Geister schutzlos aus. Die biederen bürgerlichen Werte gut und böse spielen auf der energetischen Ebene keine Rolle. Die Verantwortung für das eigene Verhalten, die eigene Neugier, die Experimentierfreude und auch die Träume haben wir immer selbst, da können wir keine Geister heranziehen und uns bei ihnen beschweren, so wie die Natur auch weder »lieb« noch »grausam« ist.

Wer Geister ruft, macht manchmal schmerzhafte Lernprozesse. Schöner ist es, mit ihnen zu spielen und einfach anzuerkennen, dass vieles existiert, was wir nicht kennen. Wo gelacht wird, lachen auch die Geister mit.

Einmal lebte ein Junge in einem Dorf, der allen Angst machte, weil er sich vor nichts fürchtete. Gab es ein Gewitter und die Dorfbewohner saßen zitternd hinter dem Ofen, so lief er hinaus und lachte und sprach mit den Blitzen. Wenn er dann die Menschen sah, die sich so ängstigten, dann wurde er ganz nachdenklich. »Ach, wenn's mich nur gruselte«, sagte er dann manchmal, denn er wollte unbedingt wissen, wie sich das anfühlte.

Weil er das in seinem eigenen Dorf nie erfahren würde, zog er hinaus in die Welt. »Ach, wenn's mich doch nur gruselte«, sang er vor sich hin.

So kam er zu einem Wirtshaus, über dem, hoch auf einem Berg, ein düsteres Schloss stand. Er machte sich ein wenig nützlich, ging dem Wirt zur Hand, hackte Holz und dergleichen und bekam dafür am Abend ein kräftiges Essen. »Ach, wenn's mich doch nur gruselte«, sagte er wieder.

»Das ist gar kein Problem«, sagte der Wirt. »Du musst nur eine Nacht im Schloss verbringen, dann kommst du zitternd vor Angst wieder herunter, denn da oben spukt's ganz gewaltig und manch einer ist nicht mehr zurückgekommen.«

Das war für unseren Jungen genau das Richtige. Am nächsten Abend ließ er sich ein wenig Proviant einpacken und machte sich auf den Weg zum Schloss. Er sah sich um und fand das Schloss zwar ungemütlich, aber kein bisschen gruslig. Da es auch recht kühl war, machte er ein Feuer in der großen Halle und setzte sich dazu, um sein Abendessen einzunehmen. Plötzlich packte ihn jemand von hinten und warf ihn um. Der Junge wurde ganz wütend, sprang auf, drehte sich und packte das Wesen, einen uralten Elementargeist, an der Gurgel.

»So haben wir nicht gewettet«, sagte der Junge. »Wenn du Hunger hast, dann sag Bescheid, du kannst schon etwas haben.« Damit schob er dem Geist einen Ranken Brot und die Flasche Wein hin. Das gefiel dem Geist außerordentlich gut. Sie zechten miteinander. Da öffnete sich die Tür und herein kamen viele Geister. »Setzt euch nur her«, sagte der Junge, »es wird

schon reichen.« Selten hatte er so viel Gesellschaft beim Abendessen gehabt und so wurde er lustig, erzählte allerlei Schwänke aus seinem Leben und lachte selbst am lautesten. Das wiederum gefiel den Geistern, denn sie waren es leid, immer nur zitternde Menschlein zu erschrecken und umzubringen.

Immer lauter wurde die Runde. Und schließlich schleppte einer der Geister ein Skelett an. »Wollen wir kegeln?«, fragte der Geist.

»Ich bin dabei«, sagte der Junge.

»Wenn du gewinnst, sagen wir dir, wo der Schatz liegt, wenn du verlierst, musst du sterben«, sagte der Geist. Der Junge lachte: »Das will ich sehen.«

Sie begannen zu kegeln. Einer der Geister stellte die Knochen auf, dann rollten sie den Schädel als Kugel. Der Junge bemerkte, dass einer der Geister immer einen Knochen versteckte.

»He«, sagte der Junge, »gib den Knochen wieder her.« Der Geist machte sich davon, der Junge rannte hinterher. Er holte ihn ein und rang mit ihm. Aber gerade da war die Geisterstunde vorbei, alle Geister samt Skelett verschwanden und der Junge stand vor einer Kiste mit Gold und Edelsteinen.

Geisterfutter

Es gibt Tage, da bleibt der Ärmel konsequent in der Türklinke hängen, die Teetasse springt sportlich vom Teller, die Milch kocht über, der Lieblingsschal fängt sich in der Schublade und zerreißt. Wer kennt sie nicht, diese Tage! Und doch sind das – vom Kontakt zu den Geistern her betrachtet – glückliche Tage, denn die Geister haben beschlossen, sich heute einen schönen Tag zu machen. In dieser ihnen eigenen Zeitlosigkeit, Raumabwesenheit, no era, no area, schwirren sie in einem Feld herum, das bei uns zu Hause Werktag genannt wird und voller Herausforderungen für einen Durchschnittsmenschen steckt.

Solchermaßen von Geistern in der Ausübung unserer öden täglichen Tätigkeiten blockiert, sehen wir die Beflügelung der Geister umgekehrt natürlich nicht. Interessiert uns auch gar nicht. Je mehr wir uns aufregen, fluchen, schreien, mit dem Kehrbesen wedeln, mit der Schaufel knallen, umso mehr gewinnen die Geister den Eindruck, in einer Art Geisterbahn zu sein, und legen noch ein wenig nach, um ordentlich wirbeln zu können.

Daraus kann man unschwer ersehen, dass die Energie der Geister und unsere eigene, leider beschränkte, durchaus nicht immer kompatibel sind.

Im Senegal saß ich mit der ganzen riesigen Familie und Wahlverwandten aller Art beim Tee. Das Begrüßungsritual dauerte eine gute halbe Stunde, wie geht's, und was machen die Geschäfte, wie geht's der Familie, den Kindern, was macht die Gesundheit usw. Kleine, süße, fette Kuchen wurden gereicht. Ein Stück fiel mir zu Boden. Ins Gespräch vertieft, hob ich es auf und steckte es in den Mund. Die Unterhaltung erstarb. Alle sahen mich ungläubig, ja bewundernd an. Was zu Boden fällt, gehört den Geistern. Wer es aufhebt und isst, wird von den Geistern geküsst. Be-geistert. Als ich später diesen kleinen Zwischenfall zu Hause erzählte, flippte meine Mutter fast aus. »Du isst in Afrika etwas, was auf den Boden gefallen ist?«, fragte sie ent-geistert. Was meine Mutter nicht weiß und auch gar nicht wissen will: Geisternahrung, heilige Nahrung, heiliges Wasser wie das in heiligen Flüssen, zum Beispiel Ganges oder Oshun, macht nicht krank. Was auf den Boden zu den Geistern fällt und von ihnen zurückgeworfen wird, macht vielmehr stark und glücklich.

Die Geister holen sich ihre Nahrung, wenn sie nicht freiwillig gefüttert werden, auf ihre Art. Wollen sie Alkohol, also spirit, springen sie bei einem Menschen auf und bringen ihn dazu, Alkohol zu trinken. Wollen sie Nahrung, lassen sie Hausfrauen Schüsseln aus der Hand, Eiskugeln von Eistüten aus Kinderhänden, ja Bissen aus dem Mund fallen. Manchmal bringen sie auch einen Jungen zu Fall, der sich gerade das Sieben-Gänge-Menü der Jugendlichen gekauft hat: ein Sixpack und einen Hamburger. Noch lieber haben sie es, wenn sie die Nahrung nicht in Piraterie erbeuten müssen, sondern diese respektvoll angeboten bekommen. Und natürlich ahnt die gestresste Hausfrau so wenig wie der junge Junkfoodkonsument, dass sie gerade ihre Mahlzeit an Geister verfüttert haben.

Vor jedem Ritual in westafrikanischen Ländern wird Schnaps auf den Boden gegossen, ein Ei auf eine Ritualfigur aus Holz oder gebranntem Ton geschlagen, Blut von einem Opfertier über einen kleinen Altar gegossen. Ziegen- und Schafsmilch, ein Schluck Buttertee und etwas Gerstenmehl sind übliche Geisternahrung in Nepal, China, Tibet und in der Mongolei. Schmeckt es den Geistern nicht, können sie ja auf die Südseeinseln auswandern, wo sie mit Obst und wohlriechenden Duftwässern beschenkt werden.

Tabak, Blüten und Kräuter sind bevorzugte Geistergaben bei den Urvölkern Australiens, Neuseelands und Amerikas. Sogar wenn Navajo oder Lakota etwas aus der Natur holen, lassen sie Tabak als Gabe zurück. Warum ausgerechnet Tabak? Tabak wird normalerweise geraucht und Rauch ist ein Lieblingsreisemittel der Geister. Ich habe in Erfahrung gebracht, dass Geister auch Gesang als Nahrung empfinden, weshalb ich rassle und singe, wenn ich weder Tabak noch andere Geisternahrung anzubieten habe.

Im Alpenraum werden die Geister mit Getreide, Früchten und Milch gefüttert. Zum Beispiel bekam die mythische Krönchennatter eines alpenländischen Hauses in der Sage jeden Tag ein Schälchen Milch von der Bäuerin. Als der Bauer das bemerkte, schimpfte er über die Verschwendung und verbot seiner Frau, die Schlange weiter zu füttern. Hier sehen wir, dass der direkte Weg wohl kaum je der schnellste ist und dass eine linear gedachte Handlung beinahe immer danebengeht. Was der einfältige Bauer zu sparen glaubte, verlor er nämlich, weil die mythische Geister-Schlange den Hof nicht mehr beschützte. Der Hof verfiel.

Wenn wir Geister füttern, begeben wir uns in einen Grenzbereich. Offensichtlich sinnlos und verschwendet, da die Opfergabe ja irgendwo herumliegt und nun Menschen nicht zur Verfügung steht, zeigt sie doch, dass die verschlungenen, scheinbar irrationalen »Um«wege die schnellsten und effektivsten sein können. Wer die Geister im Haus, in der Wohnung ehrt, erfährt unerwartete Wohltaten. Diese zu erwarten wäre allerdings ein Fehler. Die Kunst liegt wie so oft in der »absichtslosen Absicht«. Konzentriert anpeilen, in vollkommener Heiterkeit jede Absicht, jedes Ziel loslassen.

»Was passiert eigentlich mit dem Geisterfutter in deinem Zauberzimmer?«, fragte mich eine Freundin, als sie sah, dass ich beim Abendessen einen Teller für die Göttinnen und Geister auf den Boden stellte. Bei mir essen zuerst die Geister von der energetischen Ebene der Nahrung, am nächsten Tag wärme ich mir die grobstoffliche Ebene auf, jedenfalls seit meine Katze tot ist. Sie liebte nämlich Geisternahrung und machte sich besonders gern darüber her, auch wenn keines ihrer Lieblingsnahrungsmittel darin enthalten war. Wer mit den Geistern isst, braucht also keinen langen Löffel. Braucht überhaupt keinen Löffel, dafür allerdings übermütige Neugier und den berühmten langen Atem.

2
Die alte Welt

Traditionelle Wohnorte der Geister

Ein mächtiger Herrscher in China trug einer wilden Frau auf, das Geheimnis der Unsterblichkeit für ihn zu finden. Die Frau spielte mit Zinnober, mit Gold, mit den Geistern des Waldes und mit den Elementen. Doch der Herrscher wurde ungeduldig, die Sache dauerte ihm zu lang und er hatte den Verdacht, dass die wilde Frau sich über ihn lustig machte und gar nicht die Absicht hatte, ihm das Geheimnis der Unsterblichkeit zu enthüllen. Also sperrte er sie ein und sagte: »Ich gebe dir drei Tage Zeit. Dann musst du mir das Geheimnis verraten.« Die wilde Frau antwortete: »Nur, wenn ich mich innerhalb deines Palastes frei bewegen kann, erfülle ich deine Bedingung.« Der Herrscher willigte ein. Am dritten Tag ließ er die wilde Frau zu sich kommen. Sie präsentierte ihm eine Silberschüssel mit Deckel: »Das ist das Geheimnis deiner Unsterblichkeit.«

Er hob den Deckel. Vor ihm lag der Kopf seines Sohnes, den die Wildfrau abgeschlagen hatte. Noch ehe er sie ergreifen konnte, erhob sie sich in die Lüfte und flog davon. Sie verwandelte sich in eine Füchsin und streift noch immer durch die Wälder Chinas und Japans, wo die Menschen ihr kleine Schreine aufstellen und sie bitten, die Geschicke ihres Lebens positiv zu beeinflussen, denn die Fuchsfrau Inari kennt alle Geheimnisse des Lebens und des Sterbens.

Zeichen und Wunder

Die Priesterinnen der Agni an der Elfenbeinküste bereiten sich auf das Initiationsritual der jungen Frauen vor, indem sie ihre Gesichter, ihre Körper und die der Initiantinnen mit weißer Farbe bemalen. Weiße Farbe ist in Afrika die Farbe der Geister. An der weißen Bemalung erkennen die Geister, dass die Menschen mit ihnen Kontakt aufnehmen wollen, und die Zeichen, die Art der Bemalung erzählt ihnen, welcher Art diese Kontaktaufnahme ist. Niemals würden die Agnifrauen der Priesterinnenschule ohne Bemalung mit ihren rituellen Tänzen beginnen, denn die Bemalung ist auch Schutz. Sie ist eine Art Schild zwischen der diesseitigen und den jenseitigen Welten. Nicht als Individuum tanzt eine Frau in die Welt der Geister, sondern als Vermittlerin, als Übersetzerin, als Körper in der Hülle der Geister. Sobald die ersten Zeichnungen den Körper schmücken, verändern sich die Frauen. Aus der Mutter von vier Kindern, der hart arbeitenden Frau wird die wilde Frau, die nichts weiß von ihren Pflichten, von ihrer Arbeit. Aus ihrem Bewusstsein verschwinden die Kinder, die Familie und eine neue Ebene tut sich auf. Sie »spielt« nicht die »Wilde«, sie verwildert im wahrsten Sinn des Wortes.

Bemalung des Körpers und Tatauierungen (bei uns Tätowierungen genannt) gibt es wohl seit dem Beginn menschlicher Kultur. Die aufgetragenen oder eingeritzten Muster stellen eine eigene Sprache dar. »Mit den Mustern auf der Haut sprechen wir zu den Ahnengeistern«, sagen die Aborigines Australiens. Je nach Form, Größe und Farbe gibt das Muster Identität, Anliegen und Energie der Person durch, die so geschmückt oder bemalt ist. Das Auftragen der Muster stellt sozusagen die Reise in die anderen Ebenen dar. Wenn eine Person fertig bemalt oder tatauiert ist, gehört sie nicht mehr dieser Welt an, sondern hat mit einer Art magischem Gewebe die Seiten gewechselt. Ohne die Alltagsidentität und die damit verbundenen Pflichten und Sorgen ist diese Person frei, mit Geistern zu kommunizieren, zu tanzen und damit die Wirklichkeit im Alltag zu verändern. So wird jedes Tanzfest zu einer Neugestaltung der Welt, jedes Ritual zu einem kreativen Neubeginn mit Hilfe der Wesen aus der Traumzeit.

In Spiegeln können Geister sich richtig austoben und wir fallen meistens auf sie herein. Obwohl es eigentlich sehr gefährlich ist, den trügerischen Boden der gespiegelten und äußerst fragilen Realität zu betreten, tun wir das ohne Zögern ständig. Ich kenne kaum eine Frau, die nicht ihre gespiegelte Gestalt oder ihr Gesicht in einer dunklen Scheibe, in einem Spiegel, in einem Schaufenster (kritisch) betrachtet. Tatsache ist, dass Geister Spiegelräume bewohnen und uns verführen, auf ihre Deutung der Realität hereinzufallen. Gibt es nicht Spiegel, von denen wir das Gefühl haben, sie »lieben« uns? Und andere, denen wir nicht an einem grauen Montagmorgen begegnen wollen? Ist nicht das Spiegelbild im vertrauten Spiegel zu Hause durchaus anders als das Spiegelbild in einer Umkleidekabine eines Kaufhauses? Streut man den Spiegelgeistern Futter aus, so sind sie durchaus bereit, die Reflektion zu verändern. Dann ist es nur noch ein kleiner Schritt zur Veränderung der Realität. Denn gefällt mir mein Spiegelbild, strahle ich Freude aus und bekomme freudige Energie zurück. Spiegeln sich deswegen die Geister selbst, erschrecken sie, denn lieber schauen sie uns aus dem Spiegel entgegen.

Wenn in Afrika Totenfeste gefeiert werden, ist der Schutz vor den Totengeistern besonders wichtig. Da die Totengeister fast überall in Afrika weiß sind, reiben sich die Beteiligten an einem Ritual mit weißer Kaolinerde ein. So denken die Geister, dass Geister tanzen, und versuchen nicht, die Tanzenden, die mit ihrem Ritual ja einen Grenzbereich betreten, auf ihre Seite zu ziehen.

Der Übergang, die Grenze zwischen der materiellen Welt und der Geisterwelt, ist immer ein heikler Bereich. Man verlässt die schützende Welt der Alltagsgewohnheiten, der Vernunft (die es auch nur gibt, wo man daran glaubt), der festen Bezüge und treibt hinaus in das weite Nichts des Ungeformten, Undefinierten, in den energetischen Raum, die Geisterwelt. In allen Kulturen brauchte und braucht es dafür Menschen, die närrisch genug sind, sich vor der Geisterwelt und dem Unbekannten nicht zu ängstigen, und auf der anderen Seite bodenständig und klar, um das Erlebte wieder in die Welt der Lebenden zurückzutragen. Die Meinung, dass etwa »Verrückte« und Schizophrene besonders gut für diese Vermittlertätigkeit geeignet wären, steht im krassen Widerspruch zur magischen und schamanischen Praxis. Wer Geister nicht bewusst rufen und bewusst wieder wegschicken kann, ist ihnen derart hilflos ausgeliefert, dass irgendwelche Ärzte oder Ordnungskräfte auf die Idee kommen können, diese Person einzusperren. Auf welche Ideen Geister kommen können, mag ich mir gar nicht ausmalen. SchamanInnen und Zauberkundige gehen sehr bewusst in diesen sensiblen Grenzbereich, wissen um die trügerischen Spiegelungen und um die Täuschungen, auf die man treffen kann, wenn der Boden unter den Füßen zu wanken beginnt. Die Kunst ist, die Wirklichkeit, die es scheinbar nicht gibt, hervorzurufen und die Wirklichkeit, von der man glaubt, es gebe sie, aufzulösen, ohne dabei den Verstand zu verlieren.

Zeichnungen auf Häusern und Türen schützen jene Menschen, die nicht so beherzt, nicht so kaltblütig

und nicht so »versponnen« sein können, dass sie mit den Geistern auf Abenteuerreise gehen wollen. Die Form eines Gatters, die X-Form, das Dreieck, ein Auge, eine Hand wehren neugierige Geister ab. Der so genannte Drudenfuß, also das Fünfeck, signalisiert dagegen, dass jemand in die Welt der Geister eintauchen möchte. Rote Farbe und alle Erdfarben bedeuten Schutz, geerdet und umfriedet sein, Gelb steht für Wärme, Licht und Freude, Grün für die Verbundenheit zur Natur, Blau für die Weite und Unendlichkeit, Schwarz zieht alle Farben und Formen ein und saugt alles auf, Weiß strahlt alles ab. Schon seit frühesten Zeiten sollen Zeichnungen, Ritzungen, Gravuren und Malereien von Frauen und abstrakten weiblichen Formen den Schutz durch die mütterliche Energie wecken. Dargestellte Tiere rufen die Tiergeister und sollen Nahrung für die Menschen rufen. Farben und Formen sind Kommunikationsmittel zwischen Menschen und Geistern. Die in grellen Farben beleuchteten Städte haben eigentlich die Wirkung, die Geister Tag und Nacht an die Menschen zu binden und ihnen genau die Zutaten anzubieten, die für Geister-Bahnen ideal sind: bunte, glitzernde, flackernde, reflektierende Lichter, Spiegel, Symbolformen wie Muscheln, Tiere, Kreise, Spiralen, Zickzacklinien…
Wenn Sie Ihre Umgebung auf die erwähnten Koordinaten einmal abklopfen, werden Sie überrascht sein, wie viel Geisterfutter angeboten, wie viele Geisterbahnen aktiviert werden.

Wir haben uns von diesem Zwischenzustand (in dem wir übrigens alle entstehen) derart weit entfernt, dass uns eine geglückte Verbindung zwischen der materiellen und der energetischen Welt stets wie ein Wunder vorkommt. Im rationalen Sprachgebrauch heißt das natürlich Zufall.

Neulich stürzte mein PC ab und ich musste mit einem Fachmann auf dem Laptop retten, was zu retten war. Jedenfalls half er mir, die Datei dieses Buches, an dem ich gerade schrieb, zu speichern. Der Computer speicherte es anstatt mit dem eingegebenen Titel: »Geisterwohnungen« unter dem Titel: »Du musst den Kopf vergessen«. Das war ein Artikel, den ich zuvor über den senegalesischen Tänzer Nago Koité geschrieben und im Internet publiziert hatte. Der Laptop-Geist fand wohl, dass dieser Titel ausgezeichnet zum Thema passt. Und obwohl der Fachmann nur kopfschüttelnd immer wieder das Mantra: »Das kann er nicht! Das kann er nicht können!« murmelte, hatte er es ja selbst gesehen und musste zugeben, dass es eine Ebene der Kommunikation gibt, die von der Wissenschaft noch nicht hinreichend ausgeleuchtet wurde.

Der Zauberwald

Ich lief barfuß los. Afrika hatte mich mal wieder in der Mangel, es war heiß, meine Kleider mufften und moderten. Ich schwitzte, fühlte mich verunsichert durch die intensive Kommunikation mit afrikanischen Menschen, die ich, je besser ich sie kannte, je weniger verstand. Da war dieser Pinienwald. Seit ich das erste Mal an der Küste Senegals war, hatte mich dieser Wald gelockt, gerufen. Die Einheimischen warnten mich: »Geh da nicht rein. Es ist ein Geisterwald. Er ist gefährlich.« Es erinnerte mich an die Märchen, die ich kannte. Da ist ein Wald und wenn du hineingehst, konfrontierst du dich mit der alten Macht. Bist du nicht beherzt genug, kommst du um. Beherzt ist eine Qualität, die in Märchen noch oft beschrieben, in unserer modernen Welt allerdings fast vergessen ist. Sie beschreibt Mitgefühl und Mut zugleich, spontane Freude, Wachsamkeit, Aufrichtigkeit.
In so einem Zauberwald begegnete Prinz Katt der alten Drachenmutter. In einem Zauberwald lebte Babayaga, die alle Antworten weiß und alle Probleme lösen kann, wenn sie Lust dazu hat. In einem magischen Wald fand

ein junger Held eine Zauberin, die ihm zum Zauber-ross verhalf. In Märchen sind Wälder die Wohnorte der Geister. Kleine bucklige Männchen, Feen, Moosweib-lein, Hexen, Gnome, Riesen, Zwerge und der Rübezahl leben dort. Wer einen Wald betritt, dringt in ihr Reich ein. Wer keinen guten Grund hat, hat ab jetzt ein Problem.

Es gibt in Afrika vermutlich keinen Menschen, der freiwillig nachts in den Dschungel, den Busch oder in einen Wald geht. Tagsüber bewohnen die Menschen die Erde, aber nachts, wenn die Menschen schlafen, leben die Geister auf. Sie tanzen, sie essen und trinken, sie verwirren den Verstand der Menschen, sie locken sie in Fallen, amüsieren sich über ihre Unbeholfenheit und schicken sie nicht selten in den Tod, denn der Tod bedeutet Geistern natürlich nicht dasselbe wie Men-schen. Geister leben in der Welt der Körperlosigkeit. Was sollte daran schrecklich sein? Menschen sind an ihre Körper derart gewöhnt, dass sie sich nicht vorstel-len können, sie aufzugeben. Der Tod ist gefürchteter unbekannter Schlusspunkt eines Lebens, das als das einzig Wahre gilt. Aber vielleicht ist die Sache ja ganz anders? Spielerisch verkörpern wir uns und geben den Körper wieder auf. Im Kontakt mit Geistwesen werden wir daran erinnert, dass Materie endlich ist, Energie aber unendlich. Ich gebe zu, dass es nicht gerade ein-fach ist, diese Erkenntnis in den Alltag einzuflechten. Es ist andererseits eine Bereicherung, die Welt der Geister kennen zu lernen und die Grenzüberschreitung als beruhigende Erfahrung in die Welt der Menschen mitzunehmen. Wer leichten Herzens mit Geistern ins Gespräch kommt, kann reich beschenkt werden. Nicht nur Märchen erzählen davon. Wie viele »Glückspilze« profitieren von ihrer Bereitschaft, das Unmögliche für möglich zu halten! Wie viele Menschen folgten schon einem »unbestimmten Gefühl«, ihrer Intuition, einem »Riecher« und gewannen Reichtum oder Glück! Warum müssen in den alten Geschichten Menschen in den Wald gehen, um in ihrem Leben eine Wendung, eine neue Erfahrung zu machen? Weil im Wald die Wesen leben, die aus der umfriedeten Welt der Menschen ausgeschlossen wurden. Hildegard von Bingen hatte all ihr Heilwissen von Kräuterfrauen, die im Wald lebten, die sich auf die Kommunikation mit Pflanzen und Tieren verstanden. Die so genannten Hexen, Hägsen, Hagbewohnerinnen, Zaunreiterinnen, kannten die wilde Welt und die Gesellschaft der Menschen gleichermaßen. Auf dem Zaun sitzend, schauten sie in alle Welten. Das machte sie zu begehrten Anlaufstellen für Menschen, die Probleme hatten, aber auch zu gefürchteten Außenseiterinnen.

Ich machte mich also auf den Weg in den Geisterwald. Schon am Saum des Waldes sah ich einen Baumstumpf, der genau wie ein Katzenkopf aussah. Zuerst dachte ich: Da sitzt eine riesige Katze. Dann schüttelte ich diese Wahrnehmung ab, drängte die Vernunft hinein und wusste, dass es »nur« ein Baumstumpf ist. Damit wäre ja jetzt jede Geistererscheinung erledigt gewesen, doch dann passierte etwas sehr Interessantes, das mich an die Container-Vision erinnerte. Ich ging tiefer in den Wald hinein, auf den weichen Piniennadeln, unter denen der Sand nachgab. Hinter mir raschelte es: eine wilde Katze. Diese Katze folgte mir auf meinem mehrstündigen Gang durch den Wald in einiger Entfernung, beobachtete mich, setzte sich, wenn ich mich setzte, trabte los, wenn ich weiterging. Sie erschien mir als Initiationsführerin in eine unbekannte Welt. Sie gab mir ein Gefühl der Sicherheit und der Vertrautheit. Und sie verhielt sich wirklich seltsam. Vor mir tauchte ein Vogel auf, braunes Gefieder, groß, schlank. Er starrte mich an. Lange Zeit betrachteten wir uns, dann bewegte ich mich. Er flog nicht etwa auf, er GING weg. Die Katze griff ihn nicht an. Sie wartete hinter mir. Ich fand Knochen, den Boden eines alten blauen Emailleeimers, der mit seinen Rostlöchern aussah wie ein lachendes Gesicht. Das alles spiegelt dir deine Fantasie, dachte ich mir. Alles findet im Kopf statt. Du gestaltest es, du gibst allem Form, Sinn und Bedeutung. Doch genau das ist notwendig, um Geister überhaupt wahrzunehmen. Und nicht nur Geister. Viele Tiere können sich tarnen und wer nicht genau schaut, sieht da nur dürre Blätter am Boden liegen. Auch die Geisterwelt tarnt sich. Wer nicht sehen, nicht fühlen kann, sieht eben nichts. Wer nicht leben kann, erlebt nichts. Dem bleibt das Leben auf der Erde Mühe und Stress, gelegentlich durchbrochen von einem schönen Sonnenuntergang.

Eine Begegnung zwischen Menschen und Geistern besteht zu einem Teil aus der Energie, die Geister einbringen, zum anderen Teil aus der Fähigkeit der beteiligten Person, diese Energie in eine bekannte Form zu übersetzen. Geister verdichten sich vor mir, ich komme ihnen auf halbem Weg entgegen und gebe ihnen die Form, die ich aus ihren Botschaften herausfiltere.

»Bist du nicht eine borderline-Persönlichkeit?«, fragte mich auf einem Workshop eine Frau. »Ich meine, man könnte doch sagen, du bist nicht ganz dicht, du bist ein Fall für den Psychiater?« – »Wieso denn das?«, fragte ich zurück. »Ich leide ja nicht unter meinen Wahrnehmungen, sie machen mich nicht lebensunfähig und es gibt kein Medikament gegen die Wahrnehmung von Geistern, wie es auch kein Medikament gegen die Wahrnehmung der Schönheit eines Sonnenuntergangs oder einer Landschaft gibt. Und was noch viel wichtiger ist: Ich kann den Weg zu den Geistern finden, aber auch den Weg zurück.«

Es stimmt auch durchaus nicht, dass in anderen Kulturen psychisch kranke oder gestörte Menschen SchamanInnen oder ZauberInnen werden. Zwar geht die Initiation zur schamanischen, zur magischen Tätigkeit nicht selten mit einem dramatischen psychischen Erlebnis einher, aber im Gegensatz zu Menschen, die unter Einfluss von Drogen stehen oder psychisch krank sind, also unter unkontrollierten Grenzübertritten leiden, kann eine magisch begabte Person, also eine Übersetzerin der Geisterwelt, jederzeit hin- und auch wieder zurückgehen. Ist ein Mensch, der Käfer erforscht, der Versuche mit Atomen und Quarks macht, der die Verhaltensweisen von Kühen unter dem Einfluss von Mozartmusik, die Schreckreaktionen von Mimosen unter Einfluss von Feuer studiert, geisteskrank? Er begibt sich einfach in eine Ebene, wo Wahrnehmungen vielfältiger und genauer werden. Dazu muss die eigene Wahrnehmungsbereitschaft erhöht werden und vor allem muss das Kontrollprogramm der Zivilisation »Unmöglich, also hier nicht weitergehen« ausgeschaltet werden.

Alle Menschen sind magisch begabt, doch die meisten verstehen sich nur auf die einzig anerkannte Form der Magie, nämlich die Magie der Verhinderung. Mir scheint, wir verhalten uns alle wie Kinder, die an einem Computer sitzen, dem die Eltern eine Sperre für gewisse Programme eingegeben haben. Hier geht's nicht weiter. Das darfst du nicht sehen, nicht wissen. Das ist zu gefährlich. Das darf's nicht geben. Menschen, die mit Magie umgehen, überspringen diese Hypnose der Verhinderung. Dahinter tut sich eine unendlich weite Welt ohne Grenzen auf.

In diesem Wald im Senegal gelangte ich an einen Übertritt in genau diese Ebene. Ich wusste, da ist der Wald, da sind die Knochen von Tieren, Federn, Baumschwämme, Holzstücke. Doch all diese wahrnehmbaren Formen waren nur wie eine Folie vor dieser nicht definierten, nicht geformten Welt der Geistwesen, der

Energien. Aus den sichtbaren Formen sprangen Energien, Impulse, Botschaften. Hinter den Formen der materiellen Welt öffneten sich alle möglichen Energieebenen. Da gab es eine Art Lichtung, einen kreisrunden Sandplatz zwischen den Pinien, tief in diesem Wald. Ich spürte eine pulsierende Kraft, die mich unwiderstehlich anzog. Ich setzte mich mitten in diesen Sandplatz und wartete. Die Katze ließ sich unter einem Baum nieder und wartete auch. Ich fing an zu summen und mit dem Körper zu schaukeln. Der Wald verschwand, die Formen verschwanden, da war nur ein graues Reich ohne Konturen. Eine Stimme fiel in meinen Gesang ein. Als ich wieder zu mir kam, lag eine Adlerfeder neben mir. Ich deutete sie nicht. Ich nahm sie nicht mit. Sie war einfach eine Botschaft aus dieser anderen Welt, ein Zeichen der Freundschaft und eine Ermutigung. Hab Vertrauen. Alles ist da. Bist du da? Später erfuhr ich, dass dieser Platz Zentrum einer Wallfahrt ist, die seit uralten Zeiten einmal im Jahr dorthin stattfindet und an der Tausende von Menschen teilnehmen.

Die Katze begleitete mich zum Rand des Waldes, ging allerdings nicht mit hinaus. Katzen waren die Freundinnen der Hexen im Mittelalter. Katzen gelten auch in Afrika als unheimliche Tiere, als Wesen, die magische Kraft haben. Als ich ging, hörte ich die Bäume tuscheln.

Spukhäuser

Wir hatten einen geruhsamen Osterurlaub an der englischen Südküste geplant, das Wetter war unenglisch strahlend und wir verbrachten die Tage am Strand, sammelten Muscheln mit den Kindern und genossen die Sonne. Auch an unserem Ferienhaus war nichts düster, geheimnisvoll oder umnebelt. Wir wohnten in einem alten Farmhaus, das die Besitzerin in der Mitte abgetrennt hatte, so konnte sie einen Teil des Hauses vermieten und im anderen selbst ungestört leben. Es begann damit, dass unsere fröhliche, ausgelassene Stimmung irgendwie grundlos abstürzte. Auch in gemeinsamen Gesprächen konnten wir nicht herausfinden, was genau unsere Harmonie zerstörte. Spannungen entwickelten sich und entluden sich in kleinen Streitgesprächen. In den Ferien kommt es eben oft mal zu Streit, dachte ich mir. Eines Abends waren wir alle, meine Schwester, zwei Freundinnen, die beiden Mädchen und ich früh ins Bett gegangen. Später sollten wir uns gegenseitig erzählen, dass wir alle angestrengt in die Nacht gelauscht hatten und alle Sinne weit geöffnet und geschärft gewesen waren. Alle hatten das Licht gelöscht und lagen horchend in den Betten. Da kamen schwere Schritte über den Flur. Die Vernunft gibt allerhand Erklärungen zum Besten: der Bauer, der nachsehen kommt, eine der Frauen, die zur Toilette geht, einer unserer Freunde, der zu Besuch kommt... Die Haustür war verschlossen. Ich hielt es nicht mehr aus und schlich zur Zimmertür, öffnete sie und – sah die anderen Frauen in den geöffneten Türen stehen. Niemand war auf dem Flur. Wir lachten uns verlegen zu und gingen wieder ins Bett. Wieder Schritte auf dem Flur. Später sollte meine Schwester erzählen, dass die Klinke ihrer Tür nach unten gedrückt worden war. Sie schrie auf, als die Tür aufschwang und niemand ins Zimmer trat. Also versammelten wir uns im Zimmer meiner Schwester. Die Mädchen waren seltsam erheitert durch diesen Zwischenfall. Wir löschten das Licht und warteten, kicherten nervös. Schritte im Flur. Die Türklinke wurde nach unten gedrückt, die Tür schwang auf.

Wir haben nie erfahren, wer oder was dieses seltsame Phänomen ausgelöst hat. Als wir am nächsten Tag der Vermieterin alles erzählten und fragten, ob es in ihrem Haus spuke, wurde sie sehr böse. Sie bat uns, das Haus zu verlassen, zahlte uns den Differenzbetrag und vermietete nie wieder.

In England gilt es als tabu, »little people«, also Feen, Elfen, Geister und kleine Leute, zu benennen, ihnen nachzuspionieren und sie zu erforschen.

Auch in dem Haus am Starnberger See, in dem ich lange Jahre lebte, schienen die Ahnengeister das Heft fest in der Hand zu haben. In einem Traum sah ich eine Frau in meinem Wohnzimmer sitzen. Ich fragte sie, was sie bei mir wolle. Sie sagte, sie lebe hier schon viel länger. Das veränderte mein Verhalten zu Geistern aller Art. Ich fing an, kleine Schreine aufzustellen und sowohl die Verstorbenen des Hauses als auch die Geister im Garten und alle Wesen, die unsichtbar mit uns lebten, zu würdigen. Gelegentlich roch es im Garten nach Weihrauch und einmal im Flur nach Amber, ohne dass jemand geräuchert oder sonst Duft verbreitet hatte. Dass die verstorbene Tante nachts durch das Haus ging, war nichts Besonderes. Alle Hausbewohner-Innen hatten sie schon gehört. Ich hatte bald das Gefühl, mein Erfolg und meine Gesundheit hingen davon ab, dass ich in gutem Einvernehmen mit den Ahnengeistern lebte.

Aber auch die Wohnung in München, in der ich jetzt lebe, hat ihre Geistergeschichte. Früher bewohnten wir sie zu viert. Eine der Frauen hatte in dem Zimmer, in dem jetzt meine Göttinnen wohnen, eine schreckliche Vision. Ein Selbstmörder sprach mit ihr, er hatte angeblich vor uns in dieser Wohnung gewohnt. Tatsächlich erfuhren wir später, dass sich in der Wohnung mal jemand umgebracht hatte.

Als ich einmal den Sohn des Filmemachers Werner Herzog und seiner Frau Martje hütete, mit denen ich befreundet war, übernachtete ich in deren Haus. Ich wachte davon auf, dass jemand einen erstickten Schrei ausstieß: Im Türrahmen hing ein Mann an einem

Strick. Ich weckte die Kinder und wir fuhren in meine Wohnung, wo wir den Rest der Nacht verbrachten. Wie ich später erfuhr, war in diesem Haus tatsächlich ein Mann zu Tode gekommen.

Auch das Haus, das mein ehemaliger italienischer Ehemann sich in der Nähe von Mailand kaufte, hatte es in sich: Ein Mann hatte dort amoklaufend die ganze Familie ausgelöscht. Ich riet ihm, das Haus nicht zu kaufen. In den zehn Jahren, die er mit seiner Frau und seinem Sohn jetzt dort lebt, wurde er depressiv und seine Frau erlitt ungewöhnlich jung einen Schlaganfall.

In dem Eckzimmer einer Hausgemeinschaft von Freunden fingen alle BewohnerInnen entweder zu trinken an, nahmen Drogen oder wurden depressiv. Wir konnten nie herausfinden, was in diesem Zimmer früher geschehen war, doch sobald es zur Küche umfunktioniert worden war, gab's keine Probleme mehr. Und auch die ehemaligen BewohnerInnen fingen sich sehr schnell wieder und hatten diese Probleme nicht mehr.

Wenn Menschen massive seelische, psychische Probleme bekommen, denken wir nie an Geister. Wir sprechen von Schwierigkeiten in ihrem Leben und natürlich zu Recht auch von Kindheitseinflüssen und Veranlagung. Noch vor zwanzig Jahren sprach kein Mensch von einem Krebsrisiko durch die Strahlung im Umfeld von Atomkraftwerken, von der unheilvollen, krank machenden Wirkung von Hochspannungsleitungen in der Nähe von Wohnhäusern oder etwa von der störenden Wirkung der Sonneneruptionen.

Die Auswirkungen von starken Energien galten als Hirngespinste »esoterischer Spinner«. Wer machte sich schon jemals Gedanken über die schädliche Wirkung von Röntgenstrahlen? Früher wurden ja sogar in Schuhgeschäften mit kleinen Apparaten die Füße geröntgt, um einen Schuh möglichst genau anpassen zu können. Wir werden uns damit beschäftigen müssen, dass es vielfältige Arten von Energien und Energiewesen gibt, die uns nicht nur beschäftigen, stören, krank machen, sondern auch beglücken können. Die in unserer Gesellschaft so beliebte Verdrängung von unerklärlichen Phänomenen wird uns da allerdings nicht weiterhelfen. Im Umgang mit Geistern gilt die Grundregel: Wie ich in den Wald hineinrufe, so schallt es heraus. Die Energie, die ich Geistern und Energiewesen entgegenbringe, werfen sie mir, oft potenziert, zurück.

Es ist eine gute Möglichkeit, Geistern in Wohnungen Ecken oder kleine Altäre einzuräumen, um nicht von ihnen geärgert zu werden. Sie lieben Rauch, Klänge, Rhythmus, Lachen, Farben, Klangspiele. Im Fengshui weiß man um die Präsenz der Geister in Häusern. Geistermauern sollen Hindernisse errichten, die einerseits unliebsame Geister aus den Häusern fern halten, andererseits verhindern, dass angenehme Energien sich im Durchzug verabschieden. In Türöffnungen Glocken oder Mobiles, Klangspiele oder Perlenvorhänge zu hängen ist eine uralte, in vielen Kulturen verbreitete Methode, um die Geister an den Schwellen zu besänftigen, zu erfreuen und für die Hausbewohner-Innen günstig zu stimmen.

Spukschlösser sind zwar sehr in Mode und ich kenne viele Menschen, die unbedingt mal miterleben wollen, wenn es spukt; umgekehrt kenne ich jedoch nicht viele, die damit wirklich gut umgehen können. Die Begegnung mit Geistern, mit Menschen, die sich nie von der Erde lösen konnten, die ihr altes Terrain nie aufgeben konnten, ist alles andere als vergnüglich und kann lebendigen Menschen sehr schaden. Wer sich nämlich an diesem Phänomen allzu sehr festhält und die spektakuläre Erscheinung nicht los wird, kann zum Reittier für Geistwesen werden. Nun sind wir ja alle irgendwie von Geistern geritten: die Besessenheiten, die wir entwickeln, Schnapsideen, die wir unbedingt umsetzen wollen, Pläne, die unvernünftig und sinnlos scheinen, aber trotzdem vehement durchgezogen werden – oft wissen wir selbst nicht genau, warum wir an etwas so hartnäckig, ja verbissen festhalten wollen. Mit kühlem Kopf und klarem Verstand kommen wir aus solchen Situationen meist auch wieder heraus. Das Problem mit Geistern, die sich festsetzen, ist, dass sie den kühlen Kopf und den klaren Verstand erfolgreich vernebeln. Wenn sich der Gedanke einstellt: »Ich kann mich einfach nicht konzentrieren, ich komme nicht zu mir«, dann ist eine Salbeiräucherung ein gutes Mittel, um ein paar lästige Hausgeister wieder in ihre Grenzen zu weisen. Denn natürlich ist es mit den Hausgeistern wie mit Bakterien und Viren: Vernichten kann sie niemand und darum geht es auch nicht. So wie jeder Körper von Millionen von Mikroben und Keimen bewohnt ist, gibt es auch unzählige Energien, die die Luft bevölkern. Es geht darum, im Einklang zu leben, die Energiesituation auszubalancieren und eine gemeinsame Basis zu finden.

Im Martell-Tal in Südtirol steht auf etwa 1400 Meter Höhe an atemberaubend schöner Stelle eine riesige Bauruine. In einem ehrgeizigen Bauvorhaben hätte dort ein Luxushotel entstehen sollen. Seit über zwanzig Jahren vergammelt das zwar fertig gestellte, allerdings nie eingeweihte Haus nun. Die Geister des Tals waren mit der touristischen Überflutung nicht einverstanden. Als ich mich einmal in dieser Hotelruine umschaute, hörte ich das Wimmern eines Kindes. Obwohl ich jeden Winkel durchsuchte, fand ich nichts. Ich besprach mich mit meinen Freunden, doch auch sie fanden nichts. Als wir gegen Abend aufbrachen, um ins Tal abzusteigen, hörten wir ein höhnisches Lachen aus dem Haus. »Das war ein Vogel«, sagte mein Freund. Aber wir fingen trotzdem alle an zu laufen.

Geister in Häusern sind darauf angewiesen, dass ihre Energie genährt wird und sie erscheinungsfähig bleiben. Je mehr sie es schaffen, die Konzentration und die Aufmerksamkeit der HausbewohnerInnen auf sich zu lenken, ihnen gar Angst zu machen, umso dichter wird die Energie, die sie trägt. Wer Geister nicht sehen kann und sich partout nicht erschrecken lässt, wer ungewöhnliche Phänomene mit Schulterzucken abtun und seinen Tagesgeschäften weiter nachgehen kann, entzieht Geistern den Nährboden, auf dem sie sich nur zeigen können. Sie leben zwar dann weiter mit den Menschen, haben jedoch keine Macht über sie und helfen ihnen auch nicht. Natürlich verhält sich das ähnlich wie mit Menschen, die einen ärgern oder mobben: Je gelassener und ruhiger man ihnen entgegentritt, desto weniger Schaden können sie anrichten. Sich der Faszination von Geistererscheinungen zu entziehen ist natürlich ähnlich unmöglich wie den Befehl zu befolgen: Lies diesen Satz nicht. Wer Geister im Haus hat, wer schon beobachtet hat, dass Gegenstände an einem anderen Ort stehen als vorher, obwohl niemand im Haus war, wer Dinge im Haus findet, die sicher nicht von ihr oder ihm dorthin gebracht wurden, wer Musik oder Stimmen hört, Wispern, Türenschlagen, Schritte, Kratzen an der Wand, Lachen, Kichern, wer nachts davon aufwacht, dass die Haut berührt oder an der Bettdecke gezupft wurde, kann sich freuen. Denn noch seltener als die Begegnung mit Wildtieren ist mittlerweile die Begegnung mit Geistern. Geister sind auch scheu. In einem Klima permanenter Energieberieselung, im Trommelfeuer der Mobilfunkantennen und der Weltraumsatelliten finden die Geister immer weniger Möglichkeiten, die abgestumpften Sinne der Menschen mit ihren feinen, vergleichsweise schwachen Stimmen oder Berührungen zu erreichen. Ich könnte sagen, Geister sind eine aussterbende Spezies. Am Ende gibt es keine Pflanzen, keine Tiere, keine Geister mehr – nur noch Menschen? Geister gibt es natürlich immer. Nur wir verlieren mehr und mehr das Privileg, mit ihnen in Kontakt zu treten, uns mit ihren ungewöhnlichen Impulsen auszutauschen, von ihnen lernen zu dürfen.

Wasser

Im Starnberger See, an dem ich lange Jahre lebte, haust der Sage nach ein Wurm. Manchmal wird die Wasserfläche ohne äußere Einwirkung bewegt, dann sagen die Alten: »Der Wurm dreht sich.« Jedes Jahr frisst er mindestens zwei Menschen und wenn in der Sommersaison nur einer ertrunken ist, dann friert der See im Winter zu und jemand bricht ein. Während den See ein Wurm bewohnt, gehören Flüsse auf der ganzen Welt den Göttinnen und Nymphen. Sie heilen und erfreuen uns, wenn wir in ihre Wasser tauchen, und manchmal ziehen sie auch Menschen zu sich.

Die Liebe zwischen Menschen und Wassergeistern ist meistens glücklos. Während die Menschen im tiefen Wasser nach kurzer Zeit ihr Leben verlieren, können die Wassergeister und Wasserfrauen auf dem Land nicht lang überdauern. Die Geschichte der kleinen Seejungfrau, die sich in einem ertrinkenden Menschenmann verliebt, ihn rettet und für ihn ihre Stimme, ihren überirdisch schönen Gesang, opfert, was ihr aber nichts nützt, weil der Mann sie schon vergessen und eine andere geheiratet hat, diese Geschichte hat viele

Kinder erschüttert und bewegt. Dabei finde ich spannend, dass wir wohl alle diese emotionale Hinwendung zum Wasser und den darin lebenden Geistwesen haben, dass es uns immer zum Wasser zieht und Wasser so geheimnisvoll wie wunderbar für uns ist. Das ist natürlich aus unserem Ursprung leicht zu erklären: Am Anfang war das Wasser und alle Lebewesen waren im Wasser. Wasser bedeckte das Hochland Tibets genauso wie die Kontinente. Es gab in frühester Zeit ein Tier, dem Wal ähnlich, das aus dem Wasser ging und Füße entwickelte, dann jedoch wieder ins Wasser zurückkehrte. Aus dem Wasser kommt alles, was sich an Leben auf diesem Planeten entwickelt hat.

Zu den mächtigsten Schutz- und Zaubersubstanzen gehören Korallen, die man sogar im Himalaya fand. Was einmal im Meer lag, ist aufgeladen mit der Magie, aber auch der Schönheit, der Weichheit, der Heilkraft der Wassergeister. Meersalz heilt Hautkrankheiten, Algen heilen die Organe und beugen Krebserkrankungen vor, die Meerluft heilt Lungenleiden. Im fließenden Wasser stärken wir Kreislauf und Stoffwechsel. Und mehr noch werden wir entzückt und verklärt von den Wassergeistern, die wir zwar meistens nicht sehen, dafür sehr wohl fühlen können. Die Wohligkeit, in einem weichen Moorwasser zu liegen und die sanfte Berührung auf der Haut zu fühlen, ist kaum zu übertreffen.

Menschen, die an großen, tiefen oder gefährlichen Wassern leben, kennen jedoch auch die Angst. In

Afrika geht kaum jemand im Meer schwimmen. Man watet knietief oder höchstens bis zur Hüfte ins Wasser, bereit, sofort wieder ans Land zu fliehen, denn mit Mami Wata ist nicht zu spaßen. Als ich einmal in Ghana nachts ins Meer ging, um zu schwimmen, rannten zwei Männer hinter mir her und zogen mich heraus. Es gibt natürlich überall an der westafrikanischen Küste Unterströmungen, aber die Begründung war dennoch: Mami Wata holt dich. Die Mutter des Meers freut sich, wenn Menschen zu ihr kommen, umarmt sie und so sterben sie. In einem Ritual für Mami Wata wird ihr eine Kalebasse mit Gaben dargebracht. Die Person, die die Geschenke überbringt, tanzt sich in Trance und geht ins Wasser. Dann müssen die Helfer schnell sein, denn die durch Trance der Göttin zugewandte Person muss sofort aus dem Wasser gezogen werden, sonst ertrinkt sie.

Selbst am Starnberger See kennen die Anwohner den Grusel vor der Tiefe des Sees. Ein Freund hat immer die Angst, wenn er weit hinausschwimmt, von einem Tier hinuntergezogen zu werden. Von der Donau gibt es viele Sagen und Geschichten, die von Nixen und Wassergeistern handeln, die ganze Schiffe und die Menschen darin zu sich in die Tiefe ziehen. Die Donau ist die keltische Göttin Dana, die mächtige Wasserfrau, der eine ganze keltische Stadt gewidmet war.

Der Fluss Niger in Westafrika ist ebenfalls das Reich einer mächtigen Wassergöttin. In jedem Land am Niger heißt sie ein wenig anders, doch überall wird ihr geopfert, um sie zu besänftigen und um sie dazu zu bewegen, mit ihren Wassern Fruchtbarkeit zu bringen. Jäger machen ihren Jagdzauber mit Hilfe von Oya, der Göttin des Niger, Frauen suchen Heilung und Kindersegen bei ihr.

Die mächtigste Flussfrau in Indien ist Ganga, die Nährende, die Wunderbare, die Fließende, die alles Umfangende. Von der Quelle bis zur Mündung wird sie verehrt und gefeiert. Und obwohl der Fluss Ganges, wissenschaftlich analysiert, eine dreckige Brühe ist, in dem die Menschen sich waschen und baden, hat es noch keine Epidemien an diesem Fluss im Reich der Göttin Ganga gegeben. Und auch als ich bei Kalkutta, in Kalighat (an den Stufen der Kali), im Wasser der Ganga eintauchte, während eine tote Kuh vorbeitrieb und einer sein Auto wusch, holte ich mir keine Infektion. Vielmehr fühlte ich mich gestärkt und geheilt und machte mich bald auf die Reise zur Quelle, auf viertausend Meter Höhe, wo ich mir die zwei Grad kalte pure Kraft der Ganga über die Haut laufen ließ. Seither fühle ich mich »gefeyt«, von Feenkraft gestärkt, mit allen Wassern gewaschen und damit höchst lebendig.

Viele Urvölker lebten an Flüssen und woben ihre Magie mit Hilfe der Wassergeister. Lepenski Vir an der Donau ist so ein Kultort, ebenso die Königs- und Geisterstädte am Nil und auch das frühgeschichtliche Harappa am Indus. In Harmonie mit Geistern, Göttinnen und Göttern der Flüsse ordneten die Menschen ihr alltägliches

Leben dem Rhythmus des Flusses unter und feierten die spirituellen Helferwesen. Zahlreiche Amulette, Kultsteine, zum Beispiel in der Form eines Fischs, Felsgravuren und Malereien sowie Skulpturen sind uns überliefert. Der Wels gilt vielen Menschen in Westafrika als magisches Helferwesen, Krokodile sind die Verkörperung der Ahnen nicht nur in Afrika, sondern auch in der Südsee. Die Anakonda gilt als Göttin der Flüsse in Südamerika und der Amazonas ist Zentrum vieler Mythen, die sich um den Fluss und die Wassergeister ranken. Im heiligen Hain der Göttin Oshun am Oshunfluss in Oshogbo kann man die Stimme der Göttin hören, die alles ins Fließen bringt. Einmal im Jahr pilgern Tausende von Yoruba zu ihrer Göttin, die ihnen Heilung und Fröhlichkeit schenken soll.

Die älteste Geistertradition haben Wasser aller Art. Quellnymphen, Klabautermänner, Wassermänner, Seejungfrauen. Aus den Nebeln steigen Geister. Auch der Erlkönig ist eine Wassererscheinung (Erlen als wasserverwurzelte Bäume). Es gibt Geister, die dich ins Wasser ziehen. Die Sprache des Wassers ist auch die Sprache der Wassergeister. In vielen Ländern sind Flüsse die – meist weibliche – Gottheit selbst. Oshun, Ganga, der Niger (Oya), Donau (die keltische Dana), Isar (die »Reißende« der Kelten).

Ein Sarazenenkönig überfiel ein kleines Königreich im heutigen Italien. Der König hatte eine wunderschöne Tochter, auf die es der Sarazene abgesehen hatte. Als das Mädchen den fremden König mit seinen Truppen in den Schlosshof reiten sah, rief es: Bevor ich mich dir unterwerfe, gehe ich lieber zu meinen Schwestern, den Feen! Und sprang vom Felsen hinunter. Da, wo es auf der Erde aufkam, entsprang eine Quelle, die immer frisches kaltes Wasser hat, obwohl sie in den latinischen Sümpfen gelegen ist (etwa achtzig Kilometer südlich von Rom), wo das Wasser warm und brackig ist. Da, wo die Quelle aus dem Boden kommt, legte der König einen Garten mit Pflanzen und Bäumen aus aller Welt an, den es noch heute gibt. Zum Garten der Nymphe, heute La Ninfa genannt, kommen oft Frauen, die Kummer haben oder sich im Quellwasser heilen wollen.

Steine

Auf einer meiner Bergtouren in der Schweiz ging ich an einem Bach entlang, als ich hinter mir jemanden spürte. Ich drehte mich um und sah einen sehr gut aussehenden jungen Mann, der mir zulächelte und winkte. Ich ging weiter. Etwas an diesem Mann beunruhigte mich, ich konnte jedoch nicht definieren, was es war. Vor mir sah ich, dass sich neben dem Bach eine hohe Felswand erhob. Es gab dort kein Durchkommen, ich musste umkehren. Der Mann kam mir nun, immer noch lächelnd, entgegen. Plötzlich hatte ich im Bruchteil einer Sekunde eine Vision, in der ich blutüberströmt auf dem Boden lag. Dann ging alles ganz schnell, ein großer Stein schien förmlich in meine Hand zu springen. Natürlich bückte ich mich und hob ihn auf, aber meine Hand und der Stein verbanden sich in einem Impuls miteinander, der nicht mehr von meinen Überlegungen gesteuert wurde. Als ich mit dem Stein hochkam, hatte der Mann ein Messer in der Hand. Ich schlug den Stein mit aller Wucht auf seine Brust. Er taumelte und rang nach Luft. Ich lief, den Stein immer noch in der Hand – und entkam. An diesem Tag wurde mir zum ersten Mal bewusst, dass Steine, die mir im Gymnasium als anorganische, tote Materie vorgestellt wurden, lebendige Energie enthalten, ja mehr noch, dass ich mich Steinen verwandt fühle. Zwar hatte ich als Kind auch schon eine große Zuneigung zu Steinen, sammelte sie und wollte sogar einmal eine Puppe mit Steinen kaufen, weil ich die für genauso wertvoll hielt, aber erst jetzt spürte ich einen energetischen Austausch. Der Stein nahm Kontakt zu mir auf.

Ich begann die Beziehungen zwischen Menschen und Steinen genauer anzuschauen und bemerkte, dass sehr viele Menschen Steine lieben und verteidigen. Dass scheinbar nüchterne, wenig spirituelle Menschen kleine Arrangements von Steinen auf Fensterbänken und Schreibtischen anordnen. Dass auf vielen Balkonen unerklärliche Steinansammlungen herumliegen, dass viele Terrassen mit großen Steinen geschmückt werden, die man eigentlich nur als Hindernisse bezeichnen kann.

Für die Yoruba Westafrikas ist das ganz normal, denn sie sagen: Steine und Menschen sind verwandt. Das könnte die Liebe zu Steinen erklären, auch den Sammeltrieb, den schon Kinder mit Steinen entwickeln. Während wir Steine wahrnehmen, sie »entdecken«, aufheben und nach Hause tragen, bemerken wir gar nicht, dass auch wir von Steinen wahrgenommen und auserwählt werden. Wie sollte ein Stein, der seit Millionen oder gar Milliarden von Jahren an einem Ort liegt, dort wegkommen? Er wählt sich einen geneigten Menschen, der bereit ist, sein Gewicht an einen anderen Ort zu schleppen. »Ich weiß gar nicht, ob ich diesen Stein überhaupt mitnehmen darf«, sagte einmal eine Frau zu mir, als sie einen ziemlich großen, ziemlich hässlichen Stein verliebt in ihrer Hand wiegte. »Der Stein hat es bis in deine Hand geschafft«, sagte ich, »wenn du ihn jetzt wieder weglegst, dauert es vielleicht noch mal ein paar Millionen Jahre, bis ihn wieder jemand aufhebt. Willst du ihm das wirklich antun?«

Steinsetzungen aus der frühesten Zeit menschlicher Kultur verbinden uns noch heute mit unseren Ahninnen und Ahnen, aber noch wissen wir nicht, warum Steine in einer bestimmten Form an einem bestimmten Ort aufgestellt wurden oder wie sie dorthin gebracht wurden. Von dem französischen Langgrab La Roche aux Fées heißt es, dass Frauen die schweren Steine mit telepathischer Kraft transportierten. Die Steine des Merry-Maiden-Steinkreises in Cornwall sollen aus eigener Kraft gekommen sein. Niemand kann sich jedenfalls der Energie entziehen, die Steine in alten Steinkreisen oder Steinreihen ausstrahlen. Aus dem kleinen Dorf Avebury, das mitten in einer neolithischen Steinsetzung steht, kommen überdurchschnittlich viele Genies. Millionen von Menschen pilgern nach Stonehenge oder zu den Steinreihen von Carnac in Frankreich, um die Steine und ihre Wirkung zu spüren. Die Magie der Zauberinnen und Zauberer der Casamance im Senegal wird von den uralten Steinen der frühgeschichtlichen Tempel genährt. Wo die Kraft von Steinen und Menschen zusammenkommt, geschieht Wunderliches.

In der Bretagne war ich mit meiner Freundin Margarethe von Trotta unterwegs zu Heilquellen und magischen Steinen. Nachts besuchten wir die Steinreihen von Carnac. Ich lehnte an einem Stein und fühlte wohlige Energie von ihm auf mich überspringen. Als Margarethe den Stein berührte, bekam sie einen heftigen elektrischen Schlag und schrie auf. Wir testeten andere Steine, doch nur dieser eine schien diese starke Kraft auszustrahlen. Lange diskutierten wir über das Phänomen. Mit der seltsamen Energie aufgeladen, fuhren wir zurück ins Hotel. An einem Kreisverkehr fuhr ein Autofahrer wie verrückt immer im Kreis herum, ohne in eine Straße abzubiegen. Er illustrierte uns die flirrige Energie, der wir ausgesetzt waren. Mir wurde in diesem Augenblick klar, dass wir in dieser Nacht eine Lektion der Steine bekommen hatten, dass wir in ein Energiefeld geraten waren, das wir nicht kannten und kaum verarbeiten konnten. Ich fühlte mich allerdings neu »justiert«, angeregt, aufgeladen.

Am nächsten Tag fragten wir eine Bäuerin nach einer bestimmten Quelle. Ein Stein lag neben ihrem Hoftor. Er sprach mich an und ich hob ihn auf. Da schoss die Frau auf mich zu und nahm mir den Stein weg. Obwohl ich erschrak, freute ich mich auch, dass sie zu ihren Steinen genauso eine innige Beziehung hatte wie ich. Steine sind für mich Archive des Universums. In ihnen sammelt sich die Weisheit und die ruhige Kraft der Erde. Der Geist der Steine kann Menschen heilen. Dabei kommt es nicht darauf an, dass man die Wirkungen der einzelnen Steine genau kennt. Ein einfacher Feldstein kann mehr Heilkraft ausstrahlen als ein teurer Turmalin. Wichtig scheint mir, mit Steinen ins Gespräch zu kommen, um herauszufinden, welcher bereit ist, sich zu verbünden. Ich heilte mich nach einem Unfall mit Kristallen. Mit einem schwarzen Meteorstein teile ich nachts meine Träume. Ein großer flacher weißer Stein bewacht mein Bett.

In Sri Lanka sprach meine Tochter und mich einmal ein alter Mann an, der uns etwas verkaufen wollte. Da die meisten Händler nur Touristenkitsch loswerden wollten, winkte ich ab. Wir wurden den Mann jedoch nicht los. Er führte uns zu seinem kleinen dunklen Laden, in dem es scheinbar überhaupt nichts zu kaufen gab, denn er sah ganz leer aus. Er holte einen faustgroßen tropfenförmigen Stein aus einer Ecke und reichte ihn mir. Der Stein wurde warm und schien zu leuchten. »Wir fanden ihn in einer Grube, als wir Rubine suchten«, erzählte der alte Mann. »Eine Raubkatze schlich sich an und ich griff nach dem nächsten größeren Stein, um sie zu vertreiben. Als die Katze fort war und ich den Stein genauer anschaute, sah ich, dass es ein Goldtopas war. Er hat mich mein ganzes Leben lang begleitet, aber jetzt möchte ich, dass Sie ihn mitnehmen.« Für umgerechnet etwa zwanzig Mark gab er mir den Topas, mehr wollte er nicht nehmen. »Dieser Stein will zu ihnen«, sagte der Mann zum Abschied.

Er gehört jetzt zu einem der Steine, die ich gelegentlich zu einem Kreis auslege. Ich setze mich dann in diesen Steinkreis und spüre dem Geist der Steine nach, indem ich mich vor jeden einzelnen Stein setze und ihn mit beiden Händen berühre. Am Ende dieses Rituals ist die Welt versunken und es gibt nur noch die Kraft der Steine.

Auf einer Fahrt durch die Sahara über die Tanezrouftpiste sah ich schon von weitem aus den kleinen Kieseln, die diese flache, ebene Landschaft bedecken, einen größeren Stein herausragen. Ich bat meinen Freund, bei dem Stein anzuhalten. Er war sandfarben, etwa so groß wie ein Kopf und sehr schwer. »Den nimmst du doch nicht etwa mit?«, fragte mein Freund entgeistert. Schon lag der Stein auf meinem Schoß. Als ich von Bamako in Mali zurückflog, hatte ich den Stein in der Reisetasche. »Du musst dich leicht machen, sonst kannst du nicht mitkommen«, sagte ich ihm noch. Meine Tasche wog genau zwanzig Kilo. Später sah ich, dass eine andere Tasche unter die Waage gerutscht war und sie bei zwanzig Kilo gestoppt hatte. Als ich in München ankam, war mein Gepäck nicht da. Es stellte sich heraus, dass von Paris nach München ein hoher Natobeamter mitgeflogen war. Aus Sicherheitsgründen hatte man alle Gepäckstücke aus Afrika in Paris einbehalten und erst mit der nächsten Maschine nachgeschickt. Die Lufthansa versicherte mir, dass mir die Tasche geliefert würde. Als der Lufthansamann schwer atmend meine Treppe hochkam, stöhnte er: »Die Tasche ist ja so schwer, als wenn lauter Steine drin wären!« Ich lachte: »Da sind lauter Steine drin.« Der große Stein aus der Sahara hatte sich tatsächlich leicht gemacht, jedenfalls für mich. Zu Hause schien er ein wenig einzusinken. Er bekam Dellen und dunkle Flecken. Gelegentlich braucht er einen Wärmeschub.

Steine laufen mir zu wie anderen Menschen Katzen. Manche werden mir gebracht, manche finde ich plötzlich in meiner Wohnung, ohne dass ich mich erinnern könnte, sie nach Hause getragen zu haben. Und manche verschwinden auch. Vor rund zwanzig Jahren war ich einmal mit einem »Strahler«, einem Kristallsucher, im Venedigergebiet unterwegs. Wir stiegen in ein Felsengebiet, von dem er wusste, dass es Kristalle enthielt. Er klopfte mit seinem Hammer an der Felswand entlang und ließ mich auch klopfen und horchen. Wo es hohl klang, schlug er das Muttergestein auf. Ich holte meinen ersten und einzigen Quarz-Kristall aus einer Wand. Das Verfahren fand ich derart brutal, dass ich nie wieder einen Stein aus einem Fels geschlagen habe. Doch den Kristall habe ich noch heute. Eine Zeit lang war er verschwunden. Zuerst war ich traurig, dann wütend. Ich war überzeugt, dass ihn jemand heimlich mitgenommen hatte. Vor einigen Wochen räumte ich meine Schränke auf und entdeckte den Stein im Kleiderschrank. Wie er da hineingekommen ist? Keine Ahnung.

Etwas vom Kostbarsten, was ich besitze, ist eigentlich nichts wert: ein schmutziger kleiner Leinenbeutel mit hundertundachtzig kleinen Kristallspitzen und Splittern. Ein Bönzauberer in Tibet hat ihn mir geschenkt. Er hat die Steine auf seinen Umrundungen des heiligen Bergs Kailash gesammelt. Wenn mich die Sehnsucht nach diesem heiligen Ort überwältigt, lege ich mir das Säckchen auf den Kopf und fühle die heitere Kraft, die von den Steinen ausgeht. Dann weiß ich, dass Entfernungen, Zeit und Raum nur eine Illusion sind. Alles ist da. Immer und überall. Das habe ich von den Steingeistern gelernt.

Geister rufen

»Am Anfang war das Wort«, sagt die christliche Religion, »und das Wort ward Fleisch.« In Kirchen halten sich ja nicht nur irrationale, abgehobene Spinner auf, sondern WissenschaftlerInnen, ManagerInnen, SpezialistInnen aller Art. Wieso haben sie kein Problem mit dieser magischen Formulierung? Im Anfang war vielleicht nicht das Wort, sondern eher Rasseln und Trommeln und Gesang, aber nach der Einführung des Gaumenzäpfchens in die menschliche Evolution kam das Wort ziemlich schnell daher. Und sicher ist, seit wir sprechen können, ist das Wort der Ausgangspunkt für alle möglichen Realitätskonzepte, die, kaum ausgesprochen, Wirklichkeit werden.

Worte rufen Inhalte, Struktur ruft Inhalt. Vielleicht ist die Mystifikation des Gaumenzäpfchens und der menschlichen Sprache nur Ausdruck für die menschliche Hilflosigkeit, vielleicht sind sprachlose Kulturen wie die der Delfine, der Silberfischlein, der Farne oder der Kakerlaken der menschlichen weit überlegen. Wir können's ja nicht wissen, weil wir nicht im Stande sind, deren Kommunikation zu verstehen, während sie uns ganz gut zu verstehen scheinen.

Warum sind Namen wichtig im Umgang mit körperlosen Energien? Namen mit alter Tradition führen in ein Energiefeld ein. Nicht für die Geister ist es wichtig, für uns selbst ist es notwendig, um die Grenze zu anderen Seins-Ebenen überschreiten zu können. Was benannt und gerufen wird, muss kommen.

Die wichtigsten Mittel, um Geister zu rufen, sind Musik, Klang, Gesang. Seit Beginn menschlicher Kultur wurde gerasselt, gesungen, getrommelt und auf einfachen Instrumenten gespielt. Musik erzeugt ein Schwingungsfeld, auf dem die Menschen den Geistern entgegengehen können und umgekehrt. Rhythmus und Klang können eine Trance auslösen, das heißt: Wir Menschen geben in Trance die Verbindung zur materiellen Ebene auf und lösen uns aus dem Körper, um in andere Seinsebenen einzutreten und dort mit Wesen zu kommunizieren, die nicht an einen Körper gebunden sind. Worte können Übergänge zu anderen Ebenen schaffen: Om, Amen, Oma, Ama, Uma. Auch in Reimen nähern wir uns den spirituellen Wesen spielerisch. Sie lieben alle Klangähnlichkeiten. Dieses spielerische Reimen trägt uns einerseits in die närrische Energie, andererseits werden mit Reimen Wiederholungen gesprochen, gesungen, die uns tiefer und tiefer in die magischen Räume einsinken lassen. Beschwichtigende Laute für kleine Kinder zeigen noch ein ritualisiertes Beruhigen und Schaukeln in der magischen Hängematte: dududu, sososo, jajajaja.

Die Samen, eine finnische Volksgruppe, der auch Mari Boine, die schamanische Sängerin angehört, kennt einen traditionellen Gesang, in dem durch Laute Kontakt zu Geistern hergestellt wird, das Yolken. Ähnliche ursprünglich rituelle Gesänge kennen die alpenländischen BewohnerInnen: das Jodeln. Sogar im Regenwald Kameruns und Gabuns ist das Jodeln nicht nur Verständigung zwischen entfernt lebenden Gemeinschaften, sondern auch Verbindung zu den Waldgeistern. Wenn ich mich in meinem magischen Zimmer mit dem Monochord (ein Saiteninstrument, bei dem alle Saiten auf den gleichen Ton gestimmt sind) hinsetze, etwas räuchere und anfange, zu singen und zu jodeln, entsteht ein Klangteppich, auf dem alle Geister zu mir reisen, ich aber auch zu ihnen gelangen kann. Es ist eine Einladung, ein Magnetfeld, das gleiche Energien anzieht. Ein Tranceteppich, eine magische Hängematte. »Die Welt ist Klang«, sagte Joachim Ernst Berendt, der Musikwissenschaftler. Etwas stimmt, ist stimmig, sagen wir und sogar das Wort Person kommt aus dem lateinischen: per sona, durch Klang. Alles ist Klang und Klang ist die Verbindung zwischen allen Wesen. Je fantasievoller und lustiger die Klänge sind, umso müheloser und leichter wird der Kontakt mit den Geistern.

In westafrikanischen Ländern wird gern die Kora gespielt, ein Saiteninstrument, dessen Klangkörper aus einer großen Kalebasse gefertigt wird. In immer gleichen Klangfolgen, die jeweils kleine Abweichungen neu dazufügen, wird stundenlang dasselbe Motiv wiederholt. Ein Lied wie eine Beschwörung, wie eine Anrufung. Klang und Wiederholung werden zum Schlüssel für die Welt der Geister. Rhythmus und Wiederholung sind die Mittel, die Rasseln und Trommeln einsetzen, um einen Weg zu den anderen Ebenen zu finden. Dazu tanzen sich Menschen in Trance, denn während sie wirbeln und taumeln, löst sich der Geist aus dem allzu unbeholfenen Körper und fliegt zum Ursprung allen Geistes, zum Garten aller Bilder und Düfte, verbindet sich mit Geistwesen aller Art und kehrt erfrischt und erneuert zurück in die Welt der Menschen.

Manche Sagen und Märchen erzählen von geheimnisvollen Worten, die Schreckliches und Wunderbares hervorrufen können. »Mutabor« macht den Wesir und den Kalif zu Störchen und die Prinzessin zur Gans. Das entspricht etwa der umgekehrten Energie, die in einer Beziehung angewandt wird, wo vielleicht der eine oder andere Esel in den Traummann verwandelt wird. Weißt du das Wort, dann hast du auch die Zauberkraft. Sesam öffne dich! Die Macht der Namen und Worte wird in vielen Geschichten beschworen. Auch Geister haben zuweilen geheime Namen, die zu wissen recht nützlich sein kann. »Schatzhauser im Tannenwald…«, rief der Bauer Peter, dem all der Reichtum allerdings nichts nützte, weil er ihm ein kaltes Herz machte. »Ach wie gut, dass niemand weiß, dass ich Rumpelstilzchen heiß« – dumm nur, dass offenbar die Weltpresse in der Nähe war. Was ein Name vermag, weiß jeder Hochstapler. Du sagst Rothschild oder Flick und schon öffnen sich Türen. »Grüß dich Gott, Zachiel, wenn's Möndel ins Körbel scheint, bind zu, Zachiel, zu guter Stund«, murmelte die Zauberin des Schlosses, in dem Jorinde und Joringel gefangen und zu Stein verwandelt wurden. Doch auch die Worte »Zwei Ohren sind schnell abgerissen« haben schon manchen Mann zu Stein verwandelt.

Blasphemie ist auch in unserer Zeit noch strafbar und doch findet da nach der modernen rationalen Philosophie nichts statt, denn Geister und damit auch Gott haben im Zeitalter von Computern, Gentechnologie und Atomwaffen scheinbar keinen Platz. Was also sollte ein Wort gegen etwas bewirken, was es nicht gibt? Und was ist schon ein Wort, ein Satz? Religiöse Menschen reagieren auf abschätzige Worte über ihre Religion oder ihren Gott ähnlich empfindlich wie Kinder, denen ein anderes hinwirft: »Deine Mutter ist ein Arschloch.« Worte zerstören, bauen auf, schaffen Wirklichkeit, lenken Energien, rufen Geister, Göttinnen, Götter, bannen Gefahren, schöpfen die Welt in jedem Augenblick neu. Das richtige Wort zum richtigen Zeitpunkt kann Unheil auflösen und Gefahr bannen. Wiederholung von Worten schafft einen neuen Raum, kann sogar irritieren, zum Beispiel wenn Kinder alles wiederholen, was ihnen gesagt wird, und so ernsthafte Absichten in eine lächerliche Situation verwandeln. Aber auch bei einem Telefongespräch nach Afrika erlebte ich die Wiederholung, das Echo meiner Worte als Behinderung. Plötzlich wurde ich mir meiner Worte so bewusst, dass ich kaum neue fand, um sie dem Echo zu verfüttern.

Ein Mann lebte in Irland in einem abgelegenen Tal ganz allein in einer armseligen Hütte. Er hatte von Geburt an einen Buckel, der seinen Kopf auf die Brust drückte, sodass er gar nicht ordentlich schauen konnte. Die Menschen nannten ihn Fingerhütchen. Sie wichen ihm aus und wollten ihm nicht gern allein begegnen, dabei war er ein sanfter und freundlicher Mensch, der niemandem etwas zu Leide tat. Eines Abends war er auf dem Weg nach Cappagh und während er wegen seines Höckers nur langsam vorwärts kam, wurde es dunkel, die Nacht brach an. Nun hieß es, dass man in dieser Gegend nachts nicht umherstreifen sollte, weil das kleine Volk unterwegs sei. Doch Fingerhütchen hatte genug eigene Probleme, er musste nicht noch ein paar zusätzliche an Land ziehen. Deshalb hatte er auch überhaupt keine Angst. Müde und niedergeschlagen setzte er sich unter den Grabhügel am Weg, um ein wenig auszuruhen. Er hatte noch einen weiten Weg und dachte gerade darüber nach, dass er wohl die ganze Nacht un-

terwegs sein würde, da drang seltsame Musik an sein
Ohr, während der volle Mond silbern aufstieg. Noch
nie hatte er etwas so Entzückendes in seinem Leben gehört. Viele Stimmen klangen wie eine einzige
Stimme zusammen: »Da Luan Da Mort! Da Luan Da
Mort!« Dann kam eine kleine Pause und alles begann von neuem.

Fasziniert hörte Fingerhütchen dem Gesang zu und
wollte nicht einen Ton versäumen, sodass er kaum
noch atmete. Die Stimmen schienen aus dem Inneren
des Grabhügels zu kommen. Als nun wieder einmal
»Da Luan Da Mort! Da Luan Da Mort!« erklang,
konnte er sich nicht beherrschen und ergänzte den feinen Gesang mit »Augus Da Cadine!«

Die Geister im Hügel freuten sich derart über diese
gelungene Vollendung ihres Gesangs, dass sie beschlossen, diesen Menschen, der das vollbrachte,
zu sich hinunterzuholen. Sie umtanzten ihn, gaben
ihm die köstlichsten Speisen zu essen, sangen und
lachten.

Einer der kleinen Leute kam auf Fingerhütchen zu
und sagte:

»Fingerhut, Fingerhut
Fass dir frischen Mut
Lustig und munter
Dein Höcker fällt herunter,
siehst ihn liegen, geht's dir gut
Fingerhut, Fingerhut.«

Als Fingerhütchen am Morgen erwachte, rieb er sich verwundert die Augen, ihm war so leicht und so fröhlich zu Mute. Vorsichtig versuchte er sich zu bewegen, aber alles war ganz leicht und frei – der Höcker war weg. Die Geister hatten ihn in kostbare Kleider gehüllt und ihn zu einem schmucken jungen Mann gemacht.

Grabstätten

Selten geht es auf Friedhöfen so lustig zu wie in Mexiko an Allerheiligen, wenn die Lebenden mit den Toten Zuckerwerk essen, tanzen und musizieren. Vor allem in Europa pflegt man zu den Toten ein eher verkrampftes Verhältnis. Knochen und Leichen sind für westlich-zivilisierte Menschen das Gruseligste, was man sich vorstellen kann, und Friedhöfe werden am Abend oft zugeschlossen, als ließen sich Geister durch Tore und Schlösser zurückdrängen. Auch scheint es, dass der Staat die Verfügungsgewalt über Haut und Knochen der Verstorbenen bekommt, denn nicht einmal Urnen mit der Asche Verstorbener darf man bei sich aufbewahren.

In Afrika werden die Toten zuerst einmal getäuscht: Die Türen ihrer Häuser werden mit vergraben, damit sie den Weg zurück zu den Lebenden nicht finden und glauben, das Grab sei das Zuhause. In Tibet werden die Toten gleich in Portionen zerhackt und an die Geier verfüttert oder auf Berggipfeln den Geistern dargeboten. In Indien gehen die Toten zu den Feuergeistern. In Neuguinea, auf verschiedenen anderen Südseeinseln und auf Madagaskar werden die Toten wie bei uns bestattet, allerdings nach einigen Jahren wieder ausgegraben; man erzählt ihnen dann, was zwischenzeitlich los war, wäscht und füttert die Knochen, tanzt für sie, legt sie in Tücher und begräbt sie wieder.

Egal, wie mit den Toten verfahren wird, eine Angst scheint es in allen Kulturen zu geben: dass die Geister der Toten wiederkehren und Ärger machen könnten. Diese Angst ist nicht unbegründet. Es gibt harmlose Störungen wie die der alten Tante in dem Haus auf dem Land, in dem ich lange Jahre lebte. Nachts konnte man sie auf dem Flur hin- und herlaufen hören. Räucherte ich ein wenig, beruhigte sie sich. Manchmal bringen sich Tote auch freundlich in Erinnerung. Sie geben uns Schutz oder wenigstens das Gefühl von Schutz, sie helfen und raten uns in schwierigen Angelegenheiten und das tun sie besonders gern, wenn man an ihr Grab geht, es schmückt und mit ihnen spricht. Ich kenne jedoch auch Totengeister, die wirklich ungemütlich werden. Der Vater einer Freundin, der sie schon im Leben tyrannisiert hatte, ruft ihr auch aus dem Totenreich noch Befehle zu, die ich ihr zwar zu ignorieren rate, mehr noch, sie zu bannen, die aber dennoch immer wieder auf fruchtbaren Boden fallen.

Unzählige Legenden, Sagen, Gruselgeschichten und Polizeiberichte ranken sich um Friedhöfe und den Versuch von Menschen, mit Toten Kontakt aufzunehmen oder diesem Kontakt zu entfliehen. Witze versuchen, uns die Angst zu nehmen. Um zwölf Uhr nachts geht ein Toter zum Nachbargrab. »Steh auf«, sagt er, »ich hol meine Maschine und wir fahren nach Zürich.« Der Tote erhebt sich. »Und nimm deinen Grabstein mit«, sagt der erste Tote. »Wofür das?«, fragt der andere Geist. »Wir fahren über die Grenze, da brauchen wir einen Ausweis.«

Das erleichterte Gelächter, das wir uns hier erlauben können, nimmt uns die Angst vor anderen Anweisungen der Toten, über die wir nicht mehr lachen können. In den Fünzigerjahren, als ich ein Kind war, war der Tod nicht so zweifelsfrei abzuklären, wie das heute meistens möglich ist. Tote wurden auf dem Friedhof in einem eigens dafür gebauten Häuschen aufbewahrt. Bei uns wurde den aufgebahrten Toten ein Glöckchen an den großen Zeh gebunden, das mit dem Totengräberzimmer verbunden war. Eine Nacht lang musste der wachen und horchen, ob sich der Tote nicht vielleicht doch noch bewegte. Dass das Klingeln des Glöckchens einen tödlichen Schreck beim Totengräber auslöste, kann ich mir denken. Einmal erzählte mir ein Totengräber, dass ihn die weiche Hand einer Toten weckte, als er eingenickt war. Tatsächlich lag sie noch ganz steif nebenan, aber er hatte sie deutlich gesehen. Und sie hatte gesagt: »Ich möchte mich verabschieden.«

Zum Glück wollte sie sich nur verabschieden und hatte nicht etwa ein Hühnchen mit ihm zu rupfen, wie eine andere Tote, der ein Totengräber einen Finger abgeschnitten hatte, weil er auf den Ring scharf gewesen war, den sie getragen hatte und den er nicht hatte abstreifen können. Als er nach Hause ging, stand sie plötzlich vor ihm und sagte: »Gib mir meinen Finger zurück.« Er stammelte, dass er ihn schon weggeworfen habe, sie hörte aber nicht auf, ihren Finger einzufordern, bis er völlig kopflos über die Straße lief und überfahren wurde. Was wissen wir schon, wenn wir eine dürre Todesmeldung in der Zeitung lesen? Wer würde schon glauben, dass Geister am Werk sind, wenn sich jemand vor den Zug wirft oder vom Hochhaus springt? Wer denkt an die Totengeister, wenn jemand Amok läuft oder ein Massaker angerichtet wird, ein Flugzeugunglück passiert? Wir sind gewöhnt, alles im Licht der Vernunft zu sehen. Jemand dreht durch, ein anderer verliert die Nerven. Kommt vor. Nur warum?

Wer sich Friedhofserde oder Teile von Leichen holt, um irgendwelche Gruselrituale damit zu machen, hat die Tür zur anderen Ebene geöffnet und weiß leider nicht, wie die wieder zugeht. Da kommen jetzt alle Geister daher und sie wollen nicht nur an den Kühlschrank gehen, sie fühlen sich gerufen, und das stimmt ja auch: Friedhofserde, Totenmaterial ruft Totengeister. Dann wird's eng. Die fordern dich nicht da heraus, wo du ihnen gewachsen bist, sondern erst, wenn sie deine schwächsten Stellen kennen, wenn sie dich genau ausgeforscht haben und wissen, wann und wo du ihnen sicher nicht gewachsen bist. Es fängt mit Träumen an. Wie schutzlos wir sind, sobald wir in die Tiefen des Schlafs gesunken sind! Jeder kann uns manipulieren, der Schlafforscher genauso wie die Eltern oder der Partner, die Partnerin. Geister kommen von der anderen Seite, sie gehören sozusagen zur Familie. Sie öffnen mit ihrem Universalcode das Hirn und schauen sich erst mal um. Finden sie Gier, Neid, Hass, Gewalt, schlagen sie ihr Lager auf. Aber auch Heiterkeit und Glück machen ihnen das Bleiben angenehm. Dann kommt es zu diesen Glücksmomenten in Träumen, aus denen wir lachend aufwachen.

Stellen Geister fest, dass es keine wirkliche Koordination zwischen den Hirnkammern gibt, was in unserer Sprache mit Blödheit oder Schwachsinnigkeit umschrieben wird, dann gehen sie ohne Umschweife zu Werk. Finden sie eine relativ intelligente Person vor, spielen sie ein bisschen mit ihr. Aber am Ende ist es immer gleich: Sie locken die betreffende Person auf ihren Lieblingstanzboden und hetzen sie – im Hirn oder in der Fantasie. Wer sie ruft, hat sie. Wer sie hat, wird sie nicht los. Totengeister ruft man nicht, sie sind in einer mafiösen Struktur organisiert und kümmern sich kein bisschen darum, ob einer durchsteht, was er gerufen und begonnen hat. Der Wunsch »Ruhe in Frieden« ist die Kurzformel eines unendlich langen Lernprozesses der Menschen, die begriffen haben, dass es kein Glück bringt, die Geister der Toten für Machtspiele einzusetzen.

Ahnengeister zu rufen ist eine ganz andere Geschichte. Wenn die Toten gegangen sind, sich gewandelt haben und endlich frei sind von der Bindung an die Welt der Menschen, dann werden sie zu Ahnengeistern, zu Helferwesen, zu Verbündeten für jene, die in Harmonie mit allen Wesen sind. Wer die killing fields, den blutgetränkten Boden in Vietnam, in Palästina, in Kambodscha, in Frankreich oder im Kosovo oder in New York zu verantworten hat, lebt gefährlich und merkt das vielleicht erst, wenn's zu spät ist. Der wird vielleicht auch merken, dass der Tod nicht das Schlimmste ist, was einem passieren kann. Und am Ende sind wir allein mit den Geistern.

Wer mit seinen Überlegungen so weit gekommen ist, kann auf einen Friedhof gehen und feststellen, dass er tatsächlich zu den friedlichsten Orten dieser Welt gehört. Im Einklang mit allen Geistern und im Frieden mit sich selbst kann man jetzt ruhig atmen. Das Gewebe der Lebenden wird mit dem Gewebe der Toten gewirkt, wir haben es selbst in der Hand, die Muster zu gestalten.

Geisterberge

Wir waren Tausende von Kilometern durch die Sahara gefahren. Jetzt war es Zeit für meinen Freund, das Auto ein bisschen zu hätscheln. Dabei konnte ich ihm nicht helfen, also beschloss ich, auf einen kleinen Berg zu steigen, der sich nicht weit weg von uns vor einem noch größeren Berg erhob. In der klaren Luft der Wüste unterschätzt man Entfernungen. Ich brauchte fast eine Stunde, bis ich zum Fuß des Bergs kam, und noch mal eine Stunde, um hinaufzusteigen. Als ich ankam, war ich ziemlich erschöpft. Ich setzte mich. »Bonjour«, sagte eine heisere Stimme. Ich drehte mich um. Da stand eine uralte Frau in einem schwarzbraunen Umhang. Ich grüßte sie. Komisch, dachte ich, die habe ich gar nicht gesehen, als ich hochkam! Sie lächelte mich an und sagte nichts mehr. Ich sagte auch nichts. Sie strich mit ihrer kleinen braunen faltigen Hand über meinen Kopf. Wie so oft in armen Ländern hatte ich das Bedürfnis, ihr etwas zu schenken, doch ich hatte nichts dabei. Sie nickte mir freundlich zu, als hätte sie meine Gedanken gelesen. Ich hatte Durst. Dann dachte ich darüber nach, wie wenig die Einheimischen in der Wüste trinken. Und dann war die Frau ganz plötzlich verschwunden. Ich suchte nach ihr. Irgendwann wurde mir klar, dass ich ganz schnell absteigen und zum Auto gehen musste, wenn ich es noch finden wollte. Ich war mittags losgegangen und es war fast schon dunkel, als ich endlich das Auto wieder erreichte. Die alte Frau ging mir nicht aus dem Kopf, ich erzählte meinem Freund von ihr. Er schüttelte den Kopf: Da kann doch mitten im Nichts keine Frau gewesen sein! Dann fiel mir ein, dass die dschinns, die Geister der Wüste, am liebsten tagsüber auftauchen. Und später erzählten mir die Frauen einer kleinen Oase, dass der große Berg der Garet El Dschenoun sei, der berühmteste Geisterberg der Wüste in Algerien. Niemand darf ihn besteigen und wenn man Glück hat und die Geister einen lieben, zeigen sie sich und bringen Glück. Die alte Frau war so freundlich, so liebevoll gewesen. Ich hatte mich von ihr bestärkt und angenommen gefühlt. Nachts machten wir ein Feuer mit unterwegs aufgesammelten Holzstücken und einer Zeitung aus Deutschland. Ich streute den letzten Rest Salbei ins Feuer für die Geister. Seither sehne ich mich nach den dschinns der Wüste.

»Sososolalalalala«, sagt Tenzin auf jedem Bergpass, den wir in Tibet überwinden. Das ist ein Gruß an die Geister der Berge, eine Geste der Achtung und des Danks, dass man so weit gekommen ist, eine Bitte um

Schutz und Begleitung. Berge sind die unteren Himmel in der buddhistischen und in der noch älteren Bön-Tradition Tibets. Wo die Erdstruktur die größten Höhen erreicht, ist der Himmel am nächsten. Tatsächlich beginnt ja der Himmel immer da, wo du bist. Doch auf Berggipfeln kommen wir dem Himmel nah, vielleicht weil wir so erschöpft sind, dass wir die übliche Kontrolle aufgeben, offen und demütig werden. Am nächsten kam ich dem Himmel am heiligen Berg Kailash in Tibet. Am Morgen erwachte ich im Lager Darchen am Fuß des Berges von einem mächtigen tiefen Ton. Ich lief hinaus, um zu ergründen, woher der Ton kam. Aber da war nichts. Und niemand außer mir hörte ihn. Ich reiste auf dem Ton um den ganzen heiligen Berg herum. Er trug mich, umspielte mich, hielt mich. Ich traf auf den Bönzauberer, der mich zum Buttertee einlud und mir das Säckchen mit Kristallspitzen schenkte, die er auf der inneren Umrundung des Bergs gesammelt hatte. Wie alle großen Geisterberge dieser Welt darf auch der Kailash von niemandem bestiegen werden. Es geht nicht darum, den Gipfel zu bezwingen, zu stürmen, wie es die Bergsteiger so gern tun, weil sich eine Bergtour ja lohnen soll. Es geht aber darum, Kontakt aufzunehmen, mit den Geistern eins zu werden, die eigene spirituelle Kraft zu wecken und zu spüren.

Man muss jedoch nicht um die halbe Welt reisen, um die Geister der Berge zu entdecken. Auch bei uns gibt es einen Geisterberg, der zum Eingang in andere Ebenen wird, obwohl er mitten im Getriebe der Welt steht und an seinem Fuß sogar eine Autobahn duldet. Der Untersberg bei Salzburg in Österreich ist seit uralten Zeiten sagenumwobener Sitz der Geister. Der legendäre Kaiser Karl soll darin mit seinen tausend Männern ruhen bis zu dem Tag, an dem der Birnbaum auf dem Walserfeld an seinem Fuß verdorrt. Im Inneren des Bergs locken zahlreiche Dolinen, Löcher und Höhlen, Wanderer ins Verderben oder ins Glück, je nachdem. Einmal soll eine salige Frau einen kleinen Jungen in den Untersberg geholt haben. Die Mutter, untröstlich, beriet sich mit einer alten Zauberin, die ihr riet, die Salige zu rufen und ihren Jungen zurückzufordern. Das tat sie. Die salige Frau gab ihr den Jungen, wohl genährt und unversehrt wieder. Andere hatten nicht so viel Glück. Sie wurden von den Geistern des Bergs nicht mehr freigegeben, vermutlich haben sie auch nicht mit ihnen verhandelt. Ihre Knochen fand man irgendwann im Wasser eines Bachs, der aus der Tiefe des Berges heraussprudelt.

Wie immer ist der Kontakt mit den Geistern auch hier eine Frage der Haltung. Bist du zu allen Abenteuern in der Jenseitswelt bereit, beherzt und ohne Furcht, kannst du mit den Geistern dein Glück machen. Gibst du jedoch deiner Angst nach, kann so ein Geisterberg schon ungemütliche Begegnungen bereithalten.

Als die Welt von Eroberern aller Art durchpflügt wurde, zogen sich die UreinwohnerInnen immer weiter in die Berge zurück. Sie wurden ihnen Zuflucht und neue Heimat und noch heute schweben ihre Geister über die nebelverhangenen Grate und Gipfel. Wer kennt nicht das unheimliche Gefühl bei einer Bergtour, wenn sich plötzlich das Wetter wendet und aus dem ungefährlichen Spaziergang eine Wanderung in unbekannte Dimensionen wird. Plötzlich weißt du nicht mehr, wo du bist, wohin du dich wenden sollst. Jetzt kommt es auf jeden Schritt an und darauf, dass du die Nerven behältst und der Angst nicht nachgibst. Trotz Wanderkarte und guter Ausrüstung bist du den Elementen und den Geistern schutzlos ausgesetzt. Oft rettet dich nur noch die Intuition, diese geheime Verbindung zu Geistwesen aller Art, die dich gegen jede Vernunft in Sicherheit führt.

Viele heilige Berge ziehen mit ihrer starken Kraft die Menschen an, der Fujiyama ebenso wie der Ruwenzori in Ruanda, der Uhuru, von den Weißen Ayers Rock genannt, in Australien, der Kilimandscharo in Kenia, Tansania und Mamma Etna in Italien. Doch ein Berg und die Göttin, die darin wohnt, hat eine stärkere magnetische Kraft als alle anderen. In Nepal wird sie Sagarmatha, gütige Großmutter, in Tibet Chomolungma, Mutter des Universums, genannt. Bergsteiger nennen sie nach dem Mann, der sie »entdeckt« hat, Everest. Wer sich damit begnügt, auf ihrem Schoß zu sitzen, mit dem eigenen Körper respektvoll umzugehen, die Natur und ihre Wesen zu achten und nicht weiter zu gehen, als der Atem reicht, entdeckt die heilende und erheiternde Wirkung, die die universelle Großmutter bereit ist auszustrahlen.

Auf einer Reportagereise durch das Gebiet der Lakota in South Dakota fuhr ich mit einem Freund in Richtung Bear Butte, dem Berg, auf dem Crazy Horse, der radikalste der Ureinwohner-Führer, seine Visionen hatte. Er stand auf dem flachen Plateau des heiligen Bergs und schaute über das Land, dem er den Untergang prophezeite. Auf seinen Spuren fuhren wir durch die Black Hills, da sah ich etwas auf der Straße liegen. Es war eine Kappe mit der (Firmen-)Aufschrift: »No fear«, und im Innenband stand: »Limits are there to be broken.« Das erschien mir eine erstaunliche Ermutigung. Wir fuhren weiter, parkten am Fuß des Bergs und waren, weil es schon spät war, die einzigen Besucher. Beim Aufstieg dachte ich an den bezaubernden Film »Powwow Highway«, in dem der fette Held seine Schokolade den Geistern des Bear Butte opfert. Ein wahres Opfer. Ich musste ein ähnlich starkes Opfer finden und zerschnitt ein Tuch, um Bänder an den Wunschbaum zu hängen. Noch während wir das Schild lasen, das ermahnte, die Lakota nicht bei ihren heiligen Handlungen, insbesondere bei einer Schwitzhütte, zu stören, wurden wir zu einer Familienschwitzhütte eingeladen. Dass die Frauen voll bekleidet, die Männer in ihren Unterhosen und T-Shirts in die Schwitzhütte gehen, machte es mir nicht leichter. Als ich glaubte, nicht mehr atmen zu können, beim dritten Aufguss, zeigte mir die Großmutter des Schwitzhüttenleiters einen Schlitz im Zelt. Dankbar hängte ich meine Nase kurz hinaus. Ich hörte die tiefe Stimme des Medizinmanns, der auf Deutsch sagte: »Ohne Mitgefühl ist deine Arbeit nichts.« Ich drehte mich um. Er sang in seiner Sprache. Dass der Holzstoß mit einem Schuss Benzin angezündet worden war, dass nach der Schwitzhütte die Männer fachsimpelnd um die geöffnete Motorhaube eines alten Chevys herumstanden, störte mich plötzlich überhaupt nicht mehr. Bei dieser Schwitzhütte habe ich begriffen, dass die Verbindung mit den Geistern und das Gespräch mit allen Wesen mit allen Mitteln der Zeit hergestellt werden kann. Mein gelegentlich aufschäumender Purismus verschwand in dieser Nacht für immer. Alles ist möglich, wichtig ist doch nur, dass die Kommunikation zu Stande kommt.

Als in der Frühzeit, am Ende des Neolithikums, die ersten kriegerischen Völker – wie zum Beispiel die Skythen – friedliche Gemeinschaften Mitteleuropas bedrohten, zogen sich diese immer weiter in die Berge und Berghöhlen zurück, in Österreich zum Beispiel ins Höllengebirge, ins Tote Gebirge, aber auch zum Hochkönig und zum Untersberg, in der Schweiz ins »Drachenloch« im Rheintal, auf der Schwäbischen Alb in die Ofnethöhle, die Bärenhöhle und andere. Höhlen waren zu allen Zeiten heilige Orte gerade für jene

Menschen, denen die Berge Göttinnen und die Höhlen der Bauch der Erdgöttin war. In Höhlen, die über zweitausend Meter hoch lagen, wurden steinzeitliche Knochenschmuckstücke, Werkzeuge, Kultsteine und Gefäße gefunden.

Erdgeister und Zwerge bevölkern in vielen Sagen Berge und Höhlen und manchmal konnte auch ein Mensch mit diesen Elementargeistern sein Glück machen. Wer beherzt, aber nicht· unverschämt, einfühlsam, aber nicht weinerlich, neugierig, aber nicht penetrant ist, kann auch heute noch beglückende Erfahrungen mit den uralten Geistern der Berge machen.

MystikerInnen, EinsiedlerInnen und weise Menschen zieht es in die Berge, weil sie dort nicht nur Einsamkeit und Stille, sondern auch spirituelle Anregung finden. Rebellen haben zu allen Zeiten die Berge aufgesucht, weil sie dort unendlich viele Verstecke und den Schutz der Erdgeister finden. Zwerge lieben nicht unbedingt freundliche, brave Menschen. Wer mit ihnen auskommen will, muss auch witzig und mutig sein, ihre ungewöhnliche Ausdrucksweise annehmen und darf sie vor allem nicht auslachen.

Es heißt, dass die ersten Bergwerke, in denen Erze und Bodenschätze aus der Erde geholt wurden, von Berggeistern betrieben worden waren. Diese Berggeister dürfen nicht verärgert werden. Sie können Wanderer in die Irre führen und über Kanten stoßen. Wie oft hören wir von Menschen, die auf harmlosen Wanderwegen in den Bergen abstürzen und umkommen, und auch von wunderbaren Rettungen erfahren wir. BergsteigerInnen geraten in Not, überleben unwahrscheinlichste Situationen, werden nach kaum vorstellbar langer Zeit oder trotz lebensbedrohlicher Gefahren gerettet.

Ich hatte einmal eine sehr seltsame Begegnung mit einem Berggeist. In einem kleinen Heustadel auf einem Hochplateau im Venedigergebiet verbrachte ich eine Nacht, weil es zu regnen begonnen hatte. Als ich mich in dem Raum umsah, entdeckte ich eine Wurzel, die die Form eines Gehirns hatte. Jemand hatte in dieses »Gehirn« eine Axt hineingehauen. Das empfand ich als brutal und unheimlich, obwohl es sich ja nur um ein Stück Holz handelte. Ich konnte nicht schlafen. Die ganze Nacht schien jemand zu jammern und zu stöhnen. Schließlich packte ich die Axt und zog sie mit aller Kraft aus dem Holz heraus. Dann legte ich mich schlafen. Jemand schien mir sanft übers Gesicht zu streichen und ich schlief so gut wie noch nie.

Eine Bergsteigerin, die ich für das Buch »Der untere Himmel« interviewte, erzählte mir, dass sie bei der Besteigung der Shishapangma, eines Achttausenders in Tibet, in die zweite Gipfelgruppe eingeteilt wurde. Zuerst war sie damit ganz zufrieden, aber plötzlich sagte ihr eine Stimme: »Geh mit der ersten Gruppe.« Sie wusste nicht, was sie von dieser Stimme halten sollte, aber instinktiv packte sie ihre Sachen zusam-

men und setzte durch, dass sie noch mit der ersten Gruppe gehen konnte. Sie schaffte den Gipfel ohne größere Probleme und kam sicher wieder im Basislager an. Als die zweite Gruppe aufstieg, zog ein Sturm auf. Niemand von der zweiten Gruppe wurde je wieder gesehen.

Knochen

Als ich mich aus Not einer für mich wirklich ungewöhnlichen Beschäftigung hingab – ich musste eine
Kommode leer räumen, die ich meiner Schwester geben wollte –, fand ich ein ungewöhnliches Objekt zwischen Postkarten, alten Tagebüchern und Filmrollen:
ein Päckchen, in einem Stück blauer Plastikfolie ver-
schnürt, handtellergroß. Als ich es aufmachte, kamen
etwas Sand, zwei Steine, zwei Muschelstückchen, seltsam riechende Kräuter und ein Knochen zum Vor-
schein – ein grigri, ein Zauberpäckchen, das mir mein
afrikanischer Liebhaber hinterlassen hatte, in der Hoffnung, mich für immer an sich zu binden. Ich ahnte
schon, dass Magie im Spiel war, machte mir allerdings
keine allzu großen Sorgen, wenn auch mein Umgang
mit der Magie der Casamance etwas vom Surfen auf
einem S-Bahnzug hat. Was die Zauberer der Casamance mit Knochen bewerkstelligen, ist atemberaubend, kann jedoch auch tödlich sein: Sie übertragen
ihre Kraft auf den Knochen und der wird zu einer
Art Sende- und Empfangsstation. Zauberkundige Menschen benutzen Knochen wie normale Menschen ein

Telefon. Nun bin ich aber auch nicht auf der Brennsuppe dahergeschwommen und merkte schon bald, was das Knöchlein von mir wollte. Ich sollte wohl magisch in diese Beziehung eingebunden werden.

Ich habe auch einige Knochen, einen zum Beispiel von der Guanchenkönigin Ico, in deren Palast ich auf Lanzarote einmal hinunterstieg. Ico ist eine freundliche Verbündete, deren Energie ich gern in meiner Nähe habe. Auch einen Rentierknochen aus Island trage ich bei mir, den ich gefunden habe, als ich mit Herbert Achternbusch dort drehte. Das Ungewöhnliche an diesem Knochen ist eigentlich, dass es in Island keine Rentiere gibt. Mit diesem Rentierknochen kam eine unnahbare, wilde Kraft zu mir, die Kühle menschenleerer Steppe, die Einsamkeit schwarzer Sandstrände. Ich brauche diesen Knochen, um die Erdgeister zu verstehen. Knochen gehören zu den Lieblingswohnorten der Geister. Einerseits hausen da im wahrsten Sinn des Wortes die Lebensgeister der Person, des Tiers, in die sie einmal eingebaut waren, andererseits ziehen Knochen immer wieder andere Energien an, die sich dort auch gern aufhalten, weil die Informationsstruktur darin für Geister so vollkommen ist.

In vielen westafrikanischen, aber auch in alten europäischen Zaubertraditionen werden Knochen als Kommunikationsmittel für magische Manipulationen und für die Wandlung von Materie verwendet. Auf der Schwäbischen Alb gibt es eine Höhle, in der unsere Vorfahren Hunderte von Bärenschädeln aufbewahrt, ja aufgebahrt hatten. Offensichtlich fühlten sie sich durch die Kraft der Bärenschädel und durch die Bärengeister gestärkt. In Neuguinea stärkte man sich bis vor kurzem und vielleicht heute noch hie und da durch die Schädel der getöteten Feinde. Frauen trugen den Unterkieferknochen als Halsschmuck, um sogar noch die Geister der Feinde zu demütigen. Die Schädel der eigenen Verwandten allerdings wurden zum Schutz als Kopfstütze gebraucht. Man schmückte sie schön mit inkrustierten Edelsteinen und geflochteten Netzen und legte nachts den Kopf auf die Ahnen, damit die Ahnengeister schöne Träume bringen sollten. Denn nachts, das wissen die Neuguineer, sind wir den Geistern hilfloser ausgeliefert, sie können uns erschrecken und sogar schaden. Knochen hüten das Haus der osteuropäischen Muttergöttin Babayaga und schrecken nicht nur optisch unerwünschten Besuch ab. Sie strahlen auch Energie aus, mit der sie aufgeladen werden. So kann der von Babayaga geschenkte Schädel ein besonderes Kunststück: Er strahlt ein derart helles, grausames Licht aus, dass alle sterben, die nicht »reinen Herzens« sind. Offenbar ist der Schädel nicht mehr in der Nähe der Menschen, sonst gäbe es wohl keine mehr.

Eine meiner Freundinnen scheint die Hüterin der Knochen zu sein, wo sie auch hingeht, überall findet sie Knochen: Tierknochen, Tierschädel, Vogelskelette. Sie reinigt sie und lebt mit ihnen, ganz im Tanz, in der Zwiesprache mit den Tierwesen, die so zu ihr kommen. Knochen machen den Weg zur anderen Welt frei, die Schwelle zwischen Leben und Tod ist aus den Knochen aller Lebewesen gemacht. Mit ihnen kommt das Wissen, dass es eine Welt jenseits der unseren gibt.

Fast alle Ur-Göttinnen stehen mit Knochen, mit Leben und Tod, mit der Schwelle zwischen den Welten in Verbindung. Vielleicht sind sie überhaupt der Code zur Grenzüberschreitung. Wer mit der indischen Göttin Kali reist, degradiert den Begriff »borderline« zur harmlosen Kaffeefahrt. Die psychotherapeutischen ReisebegleiterInnen auf diesem Globus sind der Wucht energetischer Austauschprozesse, den Abgründen plötzlicher ungefilterter Erkenntnis, Begegnungen der universellen Art nicht wirklich gewachsen. Sie retten sich in Erklärungen, wonach es all das sowieso nicht gibt, der davon betroffene Mensch also krank sein muss. Das Phänomen, dass Knochen belebte Wohnorte von Geistern, Überträger von Informationen sein können, wird ihnen als lebhafte Fantasie oder als Psychose gelten. Doch unter diesem scheinbar vernünftigen Umgang mit magischen Phänomenen liegt eine alte pulsierende Kraft, die wirkt, auch wenn niemand dran glaubt. Seit Jahrtausenden werden die Knochen von besonders begabten Menschen, von Buddha über die Heiligen bis hin zu Kultfiguren, aufbewahrt. Heilende, magische Wirkung wird diesen »Reliquien« zugesprochen, die sich auf alle überträgt, die mit ihnen in Berührung kommen. Tibetischen initiierten Mönchen ist die Schädelschale eines hohen Lamas gerade recht, um ihren Tee draus zu trinken, auf Knochentrompeten rufen sie die Geister, die es im Buddhismus wie in allen anderen monotheistischen Religionen ja eigentlich nicht mehr geben darf. Die Knochen und Stoßzähne von Walrössern, Zähne und Knochen von Walen wurden von den Inuit zu Idolen verarbeitet, zu kleinen Skulpturen, die die Jagd begünstigen sollen. Die Energie der Walrösser und Wale bleibt in den geschnitzten Knochen und zieht gleiche Energie an. Idolfiguren aus Bein waren in allen frühgeschichtlichen Kulturen mächtige Verbündete im Kampf ums Überleben, auf der Suche nach Nahrung und Schutz.

Die australischen Aborigines haben ein besonders heftiges Instrument entwickelt, um der Gerechtigkeit zum Sieg zu verhelfen, das pointing bone. Ein angespitzter, mit Symbolen beschnitzter Menschenknochen wird auf die Person gerichtet, die ein Tabu gebrochen hat. Das bedeutet unwiderruflich den Tod. Der Knochen ist aufgeladen mit der Energie des Zauberers, der den Knochen auf jemanden richtet.

Im Waldviertel in Österreich musste eine Bäuerin ihren Hof allein versorgen, weil ihr Mann gestorben war. Zu ihr gesellte sich eine Magd, die außerordentlich geschickt war, die Arbeit schnell machte und das Vieh liebte. Unter ihrer Hand gedieh der Hof, die Kühe gaben mehr Milch, die Hühner mehr Eier. Die Bäuerin ließ auf ihre Magd nichts kommen, obwohl in der Nachbarschaft gemunkelt wurde, die Magd sei eine Hexe. Ein Nachbarjunge half gelegentlich beim

Hüten des Viehs aus. Er war sehr neugierig und wollte unbedingt das Geheimnis der Magd ergründen. Eines Nachts folgte er ihr, als sie aus dem Haus ging. Heimlich schlich er ihr nach und sah, dass sie sich bei einem großen Findlingsstein mit anderen Frauen traf. Die Augen fielen ihm fast heraus, als er auch die Bäuerin entdeckte. Die Frauen zogen sich nackt aus und tanzten. Dann geschah etwas, das ihm Schauer der Angst über die Haut jagte. Die tanzenden Frauen zerrissen die Magd in Stücke und trennten die Haut und das Fleisch von den Knochen, dann murmelten sie und sangen, legten alle Knochen wieder in ihre Ordnung. Aber ein kleiner Fingerknochen fehlte. Der lag nun ausgerechnet in der Nähe des Hütejungen. Dem gefror fast das Blut in den Adern, als er ihn sah, er hielt jedoch ganz still. Da nahm eine der Frauen einen Haselstecken, schnitzte daraus mit einem kleinen Sichelmesser einen Fingerknochen und murmelte einen Spruch – da sprang die Frau wieder auf und war quicklebendig. Sie ging direkt auf den Jungen zu. »Wenn du irgendjemandem sagst, was du gesehen hast, dann denk daran, dass dich die Haselhexe holt«, sagte sie. Der Junge lief davon. Die Frau hob den kleinen Fingerknochen auf, steckte ihn in die Erde und spuckte drauf, da wuchs ein Haselstrauch hervor. Der Junge aber konnte fortan kein Wort mehr sprechen.

Bäume

Eines Nachts hatte Rama einen lebhaften Traum. Der Baum vor dem Haus seiner Eltern beugte sich zu ihm und sagte: »Ich bin ein Teil von dir und du bist ein Teil von mir.« Als er aufwachte, ging er hinaus und schaute sich den Baum genauer an. Ein Ast beugte sich zu ihm. Er kletterte hinauf. Der Ast schnellte zurück in die Höhe und dort oben saß Rama die nächsten zwanzig Jahre als Hüter des Baumgeistes. Die Menschen verehrten Rama wie einen Heiligen, brachten ihm Nahrung und Getränke, feierten Feste unter dem Baum und erzählten Rama alles, was sich so in Rajastan zutrug. Das alles spielte sich am Anfang des letzten Jahrhunderts in Indien ab. Eines Tages kam ein englischer Ingenieur. Er arbeitete für eine Holzfirma und fand den Baum, auf dem Rama lebte, ideal für seine Zwecke. Er befahl, den Baum zu fällen. Das ganze Dorf stellte sich schützend vor den Baum. Der Priester beschwor den Engländer: »Dieser Baum ist heilig. Wenn er gefällt wird, geschieht ein großes Unglück.« Kein Protest half. Und da Rama nicht vom Baum steigen wollte, wurde er mit seinem Baum umgesägt. Dem Tode nahe lag er am Stamm seines Baumfreundes. Die Arbeiter banden den Stamm an starke Seile, die von Elefanten gezogen wurden. Überall im Dorf hörte man Geschrei und Wehklagen. Während der Junge vom Priester und von der Heilerin behandelt wurde, zogen die Elefanten den Baum davon. Der Junge lag mit offenen Augen bewegungslos da. Sein Körper war wohl im Dorf geblieben, doch sein Geist reiste mit dem Geist des Baums, hatte sich um den Stamm gelegt, liebkoste den Baum. Da trafen die Elefanten auf ein Hindernis, gerade als der Weg einen steilen Berg hinaufführte. Der englische Ingenieur, der den Transport begleitete, ritt nach vorn, um zu sehen, wo das Problem lag. Er passierte den Baumstamm. In diesem Augenblick scheute das Pferd und warf ihn ab. Die Elefanten drängten zurück. Der Stamm setzte sich in Bewegung, zerriss die Seile, rollte den Berg hinunter und erschlug den Engländer.

In den zwanzig Jahren, die ich kreuz und quer durch Afrika gefahren bin, hörte ich immer wieder vom »dschinn-Baum«, einem Baum, der uralt sein soll, dessen Wurzeln ein magisches Pulver hergeben, das vom Hüter des Baumes nach Anweisung der dschinns verteilt wird.

Der dschinn-Baum steht am Rand der Wüste Sahara, erzählte mir Safi in Ouagadougou, als ich das Dorf der Zauberer, Fada N'Gourma, besuchte. Alle Zauberkundigen gehen einmal in ihrem Leben dorthin und holen etwas Wurzelpulver. Der Hüter des Baums entscheidet, ob du etwas bekommst oder nicht und wie viel. Du schläfst eine Nacht unter dem Baum, dann gibst du deine Opfergaben, dann schneidet der Hüter des Baums ein kleines Stück von einer Wurzel ab, die aus der Erde herausschaut, dann wird dieses Stück Wurzel getrocknet und auf einem Stein gerieben.

»Wie kann denn ein einziger Baum so viele Zauber-Innen mit Wurzelpulver beliefern?«, fragte ich entgeistert.

»Dieser Baum ist ein besonderer Baum. Die Geister bewohnen ihn und lassen die Wurzeln nachwachsen. Diese Wurzeln sind die Gabe der Geister an die Menschen«, lautete die Antwort.

Ich dachte eigentlich immer, dass es sich bei diesem Baum und diesen Geschichten um einen Mythos handle, der in unserer Wirklichkeit nicht existiere. Aber eines Tages erzählte mir mein Freund aus dem Senegal, dass er einen grigri, einen Gürtel mit dem Pulver des dschinn-Baums, besitze. Natürlich ließ mir dieser Gürtel und ich ihm keine Ruhe mehr. Schließlich willigte er ein, mir den Gürtel zu überlassen, wenn er zurück in den Senegal gehe. Ich denke, es wurde der teuerste Gürtel, der je die Besitzer wechselte. »Du musst vorsichtig sein«, warnte er mich, »zwar macht er dich unverwundbar, aber er zieht auch die Energien, die Gewalt auslösen, an.« Lange Zeit hatte ich ihn einfach auf meinem Hausaltar liegen, aber eines Tages beschloss ich, ihn mal umzulegen. Ich kaufte eine Konzertkarte im S-Bahn-Untergeschoss am Marienplatz in

München. Zwei Penner stritten sich, beide angetrunken. Der eine gab dem anderen einen Schubs und der knallte mit der Bierflasche gegen die Säule. Die Flasche zerbrach. Er konnte das Gleichgewicht nicht halten und fiel auf mich, als ich gerade an ihm vorbeiging. Der aufgeschlagene Bierflaschenhals landete genau in meiner Hand, mit der ich ihn abzuwehren versuchte. Obwohl die messerscharfen Zacken in die Haut hineindrückten, blutete ich nicht. Meine Haut blieb völlig unverletzt.

Baumgeister gibt es in der Tradition aller Kulturen rund um den Erdball. Jedes Land, jede Volksgruppe hat heilige Bäume. In Afrika ist der heiligste aller Bäume der Baobab. Es gibt im Senegal eine Landschaft, in der unzählige Baobabs in einem Hain zusammenstehen. Dieser Hain gilt als heiliger Ort, Seherinnen, Priester, zauberkundige Menschen lassen sich hier von der Kraft der Baobabs aufladen. Kranke kommen, um geheilt zu werden. Im Baobab leben freundliche Ahnengeister, die den Menschen helfen können. Deshalb versammeln sich überall in Afrika die DorfbewohnerInnen unter dem Baobab des Dorfes, um sich zu beraten, um zu singen, zu feiern und Musik zu machen. Baobabgeister lieben Musik. Aus den Baobabfrüchten werden Rasseln gemacht. Sie werden an der Sonne so lange getrocknet, bis die Samen im Inneren dürr sind und rasseln, dann verziert man den Rasselkörper, der einer Kalebasse ähnelt, durch Malereien oder durch das Einbrennen von Mustern. Wer mit Baobabfrüchten rasselt, ruft die Ahnengeister und holt sich mächtige Verstärkung.

In unserem Kulturkreis versammelten sich früher die Menschen eines Dorfs um die Dorflinde. Weil der Einfluss der Linden-Geister so angenehm war, erfand man sogar das Wort »lindern«, wenn man eine wohltuende Wirkung beschreiben wollte. Der Geist der Eiche galt als so stärkend, dass Eichenlaub zur Bekränzung der Stärksten verwendet wurde, während im römischen und griechischen Raum Ehrung mit Olivenkränzen ausgedrückt wurde. Hatte sich nicht die Göttin Daphne in einen Olivenbaum verwandelt? Auch Weiden sind beliebte Geisterwohnorte, in ihnen leben die saligen Frauen, die Weidenfrauen, die sich gern mit Menschenfrauen verbünden und Schmerzen und Not lindern. Tatsächlich ist die Substanz der Weidenrinde, die Salicylsäure, die wirksame Substanz für das Schmerzmittel Aspirin. In Südtirol kennt man die Holzleute, Baumgeister, die den Menschen freundlich gesinnt sind, aber grantig werden, wenn Bäume umgehauen oder verletzt werden.

Der Holunder ist in unserer Tradition die Göttin selbst, Holler steht für Holla, Percht, Berta, die uralte mächtige Muttergöttin der Berge. Einen Holunder zu fällen bringt kein Glück. Ich sagte es der Hausmeisterin, die im Hof den Holunder für überflüssig hielt. Sie hörte nicht auf mich. Kurz darauf hatte sie einen Schlaganfall. Als ich einem Freund das erzählte, war er ganz betroffen. Er sagte, ihn habe am Haus auf dem Land ein Holler gestört, den er glaubte unbedingt umhauen zu müssen. Sein Partner sei kurz darauf gestorben. Holunderholz soll man, auch wenn es nicht eigenhändig abgeschnitten wurde, nicht verbrennen, auch nicht in einem Ritualfeuer. Der Apfelbaum wird ebenfalls mit der Muttergöttin und ihrer Nahrung gleichgesetzt. Durch den Genuss eines wilden Apfels (im Gegensatz zum Euro-Zuchtapfel) strömt die Kraft der Göttin in den Körper und heilt ihn. In der Hasel lebt der Sage nach die uralte Zauberin, die einer Frau magische Kräfte verleihen kann. Deshalb wurden zu allen Zeiten in unserer Gegend Haselstecken als Zauberstäbe gebraucht. Der Genuss von Haselnüssen, aber auch Wal- oder Welschnüssen nährt das Hirn mit Göttinnenkraft.

Die uralten Zedern der Sahara gelten den Nomaden als mächtige Geisterbäume. In ihrem Schutz lagern sie. Die Bäume werden verehrt und mit Geisternahrung gefüttert. Ein wenig Tee und Hirse bringen sie den Bäumen dar, um ihre Verbundenheit und Verehrung auszudrücken.

Buddha erlangte unter einem Baum der Sage nach Erleuchtung, von Baumgeistern getragen, gehalten und unterrichtet, legte er alle weltlichen Bedürfnisse ab und wurde leicht und frei.

Im alten Persien wussten die Menschen, dass in den Bäumen Peris leben, weibliche Baumgeister, die der Menschenwelt gut gesinnt sind, aber auf Respektlosigkeit empfindlich reagieren. Geister kann sich niemand untertan machen. So kommen auch die Saligen, die Weidenfrauen unserer Kultur, nur zu jenen, die ihnen Achtung entgegenbringen. Freundschaft mit Saligen oder mit Peris ist kostbar. Das Leben wird heiter. Sorgen verfliegen. Die Leichtigkeit der Baumfeen springt auf die Schwere des Körpers über. Sowohl die Salige als auch die Peri können unangenehm werden, wenn ihr Zorn geweckt wird.

Drei Handwerker zogen einmal über ein Gebirge in Persien. Sie gerieten in einen Schneesturm und retteten sich in eine Hütte. Der Holzschnitzer ging hinaus und schlug einen großen Ast von dem Baum vor der Hütte ab, damit sie den Ofen heizen konnten. Was er nicht wusste: In diesem Baum lebte eine Peri, ein Baumgeist. Und, was ich sowieso nicht verstehe, wenn dieser Mann mit Holz arbeitet, weiß er doch wohl, dass frisch geschlagenes Holz nicht gut brennt. Wie auch immer: Er schaute den Ast an und fand, er sei perfekt für eine Skulptur. Und so fing er an, aus dem Holz eine Frauengestalt zu schnitzen. Die beiden anderen Handwerker betrachteten seine Arbeit voller Bewunderung. Im Nu hatte er den Zweig zu einer so schönen Frau geschnitzt, dass der Tuchhändler beschloss, seine schönsten Stoffe als Bekleidung dieser Frau zu geben. Da wollte der Schmuckhändler nicht zurückstehen und hängte der Skulptur die schönsten Geschmeide um. »Die Frau gehört mir«, sagte der

Schnitzer plötzlich. »Ich habe sie geschaffen.« – »Mir gehört sie«, schrie der Tuchhändler, »ich habe sie eingekleidet, ohne mein Gewirk wäre sie nichts.« – »Natürlich ist sie mein«, sagte der Juwelier, »meine Steine machen sie so kostbar, dass kein anderer sie haben darf.« Die drei gerieten in Rage und fingen an zu raufen. Da stand die Holzfrau plötzlich auf und ging zur Tür. Den Männern blieb der Mund offen stehen. Die Peri drehte sich um und lockte die Männer. Besinnungslos taumelten sie hinaus, aber sie schafften es einfach nicht, die Peri zu ergreifen. Immer wieder entwischte sie ihnen. »Meine Skulptur!«, schrie der Schnitzer. »Meine kostbaren Stoffe!«, jammerte der Stoffhändler. »Meine unbezahlbaren Juwelen!«, raufte sich der Juwelier die Haare. Es schneite heftiger. Die Männer rannten hinter der Peri, hinter ihren Illusionen, hinter ihrer Gier her. Einer nach dem anderen sanken sie in den Schnee und schliefen ein. Als der Schnee ihre Körper zudeckte, hörte man ein helles Lachen…

Kraftorte

Ich stand um vier Uhr morgens auf und fuhr mit dem Leihwagen die zwanzig Kilometer nach Zennor in Cornwall. Mein Ziel war Zennor Hill, einer meiner Kraftorte. Ich war müde, schlecht gelaunt und kein bisschen magisch inspiriert. Dass bei Gunnars Head ausnahmsweise das Café schon geöffnet war, hob meine Stimmung beträchtlich. Bei einer Kanne Tee und Toast wurde ich langsam wach. Ich parkte das Auto unterhalb des Zennor Hills und machte mich an den Aufstieg durch das Gestrüpp. Wo kein Weg gebahnt wurde, ist es fast unmöglich, die Brombeer- und Ginstersträucher zu überwinden. Ich tastete mich im Morgengrauen im Nieselregen hinauf zu den alten Steinen. Aus der etwas ungemütlichen, feuchten Umgebung stieg plötzlich eine merkwürdige Helligkeit auf, die nichts mit der Sonne zu tun hatte, weil die nicht sichtbar war. Gleichzeitig mit dem Licht aus undefinierbarer Quelle kroch ein kaltes, unheimliches Gefühl über meine Haut. Ich schaute mich um, da war nichts. Und doch wusste ich, dass da mehr war, als mir lieb sein konnte. Ich rannte den Berg wieder hinunter, nicht ohne vorher ein Foto von den Steinen zu machen. Ich stolperte, kam vom Weg ab und hatte Mühe, mein Auto wieder zu finden. Irgendwie erleichtert ließ ich mich in den Fahrersitz sinken. Es war 7.20 Uhr. Ich startete das Auto und fuhr langsam, irgendwie geschockt, dahin. Autos kamen mir entgegen, ich musste aufpassen ausweichen, manchmal sogar zurückstoßen, um Platz zu machen. Ich kam an die Kreuzung zu Mulfra, wo ich den Steintisch besuchen wollte. Mein Blick streifte die Uhr: 7.20 Uhr. Na ja, dachte ich, die Uhr ist kaputt. Doch irgendwie fühlte sich die Luft so seltsam an, ich hatte das Gefühl, über dem Boden zu schweben. Auf dem Parkplatz von Mulfra Quoit stieg gerade eine Frau aus ihrem Auto. Ich fragte sie, wie spät es sei. Sie warf einen Blick auf meine Auto-Uhr und lachte: »Die moderne Technik! Immer lässt sie einen im Stich! Es ist fünf vor acht.« Plötzlich fühlte ich mich unfähig, noch einen magischen Ort zu verkraften. Ich stieg wieder ins Auto und fuhr los. Die Uhr zeigte 7.55 Uhr. Auf dem Foto vom Zennor Hill war später ein eigenartiger Lichtkreis zu sehen.

Im Laufe meines Lebens hat sich über der geografischen Weltkarte meine ureigene Traumzeit-Landkarte herausgebildet. Die Orte meiner magischen Erlebnisse, meine Kraftorte, meine Kultorte und die Energielinien, die so etwas wie ein Netz bilden, zeigen eine Art Muster, wo auf dieser Welt die Geister zu mir Kontakt aufgenommen, mich gestärkt, erschreckt, verwundert und beglückt haben.

So ein Ort ist auch das Piano di Tremorgio mit dem kleinen Kratersee. Vor Urzeiten hatte diese Gegend Besuch von außerirdischen Energien: Ein Meteorit fiel zwischen die Berge, riss ein paar Gipfel mit und ruht nun in einem tiefen Loch, das die Berge ihrerseits mit Wasser füllten. Jahrzehntelang pilgerten Geologen, Astrophysiker und andere Wissenschaftler dorthin, um Antworten auf ihre brennenden Fragen an das Universum zu finden. Sie räumten umherliegende fremdartige Mineralien und Materialien zusammen und nahmen alles mit, wobei sie Schilder aufstellten: »Das Mitnehmen von Steinen ist verboten!«

Der kleine See zeichnet sich durch ein akustisches Phänomen aus. Man kann zuweilen, am Ufer dahinwandernd, Menschen ganz nah und ganz deutlich sprechen hören, die am gegenüberliegenden oder zumindest weit entfernten Ufer wandern. Ich entdeckte den See, weil der Vater einer Freundin, Professor an einer Universität, den Absturz des Meteors erforschte und nachwies. Damals, vor dreiundzwanzig Jahren, bereitete ich die Dreharbeiten zu meinem ersten eigenen Spielfilm über die Hexenverfolgung im Mittelalter vor. Auf Motivsuche kam ich bis Sizilien, übernachtete dort einmal unter einem Baum und wurde offenbar von einer Spinne in die Wange gebissen, als ich mich im Schlaf auf sie legte. Wieder zu Hause, entzündete sich dieser Biss und mein Gesicht schwoll an. Ich konnte nicht mehr aus dem rechten Auge schauen. Ein roter Streifen zog sich vom Biss am rechten Nasenflügel nach oben. Da ich mir doch Sorgen machte, ging ich zur Notaufnahme des Krankenhauses in der Nähe meiner Wohnung. Dort wurde die Wunde analysiert und der Arzt sagte mir, dass ich sterben würde, wenn die Blutvergiftung über die Nasenwurzel nach oben stiege. Er wollte mich in der Intensivstation beobachten lassen, das kam jedoch meiner eigenen Sehnsucht kein bisschen entgegen. Ich dachte, wenn schon sterben, dann an einem Ort, den ich gern noch sehen will. Immerhin willigte ich ein, ein paar Schachteln Antibiotika mitzunehmen, die mir der Arzt aufdrängte. Ich legte sie in einen Korb, zusammen mit Zahnbürste und Waschzeug. Ich fuhr bereits auf einer Schweizer Autobahn, als mir klar wurde, dass ich den Korb mit den Medikamenten vergessen hatte. Im wahrsten Sinn des Wortes bekam ich Schiss. Danach fühlte ich mich meinem Schicksal gewachsen: Ich würde den Meteor-See sehen und sterben. Nur meine melodramatische Heldenstimmung ließ mich auch den kleinen Gitterkorb ertragen, eine Art Transportlift, der damals noch Material und Menschen zum Piano die Tremorgio hinaufbeförderte. Ich starrte durch die Gitterstäbe auf das Dorf, das kleiner wurde. Ohne Umstände wurde der Förderkorb senkrecht hinaufgezogen. Todesangst konnte ich angesichts der chaotischen Umstände schon nicht mehr aufbringen. Oben angekommen, musste man schnellstmöglich aus dem Gitterkorb hinüberspringen auf den Felsvorsprung, der einem kein bisschen entgegenkam.

Und da lag der See – von atemberaubend schwarzem Blau. Die Sonne warf kleine Funken über die Oberfläche des Wassers. Ich malte mit dem Kugelschreiber einen Strich von einer Augenbraue zur anderen und wusste: Wenn die rote Blutvergiftungslinie morgen über diesen Strich gewandert ist, bin ich eine tote Frau, denn meine Medikamente stehen auf dem Gehsteig vor meinem Haus.

Ich wanderte um den halben See. Zu essen hatte ich auch nichts, die kleine Wirtschaft, die heute da steht, gab es nicht. Meine Situation war nicht gerade rosig: Ich sah aus wie ein Monster, hatte nichts zu essen, keine Medikamente und würde wohl morgen an der Blutvergiftung gestorben sein. Mein rechtes Auge war derart zugeschwollen, dass nichts mehr davon zu sehen war. Ich hätte natürlich umkehren und in eine Schweizer Klinik gehen können, doch das kam überhaupt nicht in Frage. Ich war genau an dem Ort, wo ich sein musste, das wusste ich.

Ich machte ein kleines Feuer, nahm Notiz von dem Schild, das untersagte, Steine mitzunehmen. Interessant. Ich wurde immer ausgelassener. Zuerst dachte ich, dass sich eine Art Galgenhumor in mir ausbreitete, aber dann merkte ich, dass ich von der Heiterkeit des Ortes angesteckt war. Ich fühlte mich so leicht und übermütig, dass ich die Kleider auszog und in den See stieg. Ich schwamm hinaus. Die dunkle Neumondnacht warf Millionen funkelnder Sterne in den Himmel. Das Wasser war eiskalt. Ich schwamm der Mitte zu. Das Wasser prickelte auf meiner Haut. Dann bekam ich ein bisschen Angst, vielleicht wurde es mir auch einfach nur zu kalt. Ich schwamm wieder ans Ufer. Am Morgen war der rote Strich weit zurückgegangen und die Schwellung war so abgeklungen, dass ich wieder aus dem Auge sehen konnte.

Ein Fischer war derart verarmt, dass er auf die Idee kam, bei einem aufziehenden Sturm zu fischen, um vielleicht in der aufgewühlten See einen guten Fang zu machen. Seine Frau warnte ihn, dass ihn die Meergeister verschlingen könnten. Manchmal finden die Fischer nämlich Gerstenstroh um das Steuerruder gewickelt oder Gerstenkörner im Magen der Fische und das ist ein sicheres Zeichen, dass sie in Zaubergewässern gesegelt sind.

Der Fischer hörte nicht auf seine Frau. Seine Lage war so verzweifelt, dass es ihm einerlei war, ob er lebend von seinem Fang zurückkam oder nicht. Kaum fuhr er hinaus aufs hohe Meer, begann ein Sturm zu toben, sodass er nichts mehr sah und keine Orientierung mehr hatte. Er legte sich auf den Boden seines Bootes und bereitete sich aufs Sterben vor. Plötzlich hörte er einen wilden Schrei und ein Stück Holz trieb vorbei, auf dem drei Raben saßen. So gut es ging, steuerte er sein Boot durch die aufgewühlte See, doch bald war er am Ende seiner Kraft. Als er fast über dem Steuerruder einschlief, lief das Boot mit dem Kiel auf einer Sandbank auf. Die Sonne brach durch die Wolken und vor seinen Augen lag ein Gerstenfeld mit vollen Ähren. Eine weiße Ziege graste vor einer kleinen Erdhütte mit Grasdach. Da war dem Fischer klar, dass er auf der Geisterinsel Ut-Röst gelandet war. Ein alter Mann winkte ihn zu sich und lud ihn zum Essen in seine Hütte ein. »Bestimmt bist du meinen Söhnen begegnet«, sagte der Alte. – »Nein, ich bin niemandem begegnet«, sagte der Fischer. »Ich habe nur drei Raben auf einem Stück Treibholz gesehen.« – »Das waren ja meine Söhne«, lachte der Alte. Und bald kamen sie auch. Zuerst regten sie sich furchtbar auf, weil sie keine Christenmenschen riechen mochten. Aber der Alte beruhigte sie und bald willigten sie ein, mit dem armen Fischer ein wenig hinauszufahren und zu fischen. Nun machten sie einen fetten Fang nach dem anderen und bald fingen sie an, dem Fischer ein neues Boot zu bauen, damit er die Reichtümer nach Hause bringen konnte. Eines Morgens sagte der Alte zum Fischer: »Es ist Zeit, dass du wieder zurückkehrst in deine Welt.« So schwer dem Fischer der Abschied fiel, der Alte und seine drei Söhne wollten von einem Aufschub nichts wissen und kaum stand der Fischer auf seinem Boot, gab es keine Insel, keinen Alten und keine drei Söhne mehr, stattdessen hörte er lautes Kreischen und ein Stück Treibholz mit drei Raben sauste vorbei. Er hatte alle Hände voll zu tun, sein neues Boot durch den aufkommenden Sturm zu manövrieren, aber er fühlte, dass das Boot wie von selbst den richtigen Kurs hielt. Er konnte nicht sagen, *wie lang er gesegelt war. Einen Tag? Ein Jahr? Da sah er am Horizont einen Streifen Land. Sein Herz jubelte. Tatsächlich war es die vertraute Küste seiner Heimat. Am Ufer stand seine Frau und weinte – er erkannte sie kaum, sie war grau geworden. Er sprang vom Boot und umarmte und küsste sie. »Sieben Jahre warst du fort, ich dachte, du bist tot!«, rief die Frau aus.*

Fetische

Am Anfang der Menschengeschichte hielten die Menschen sich noch nicht für die Krone der Schöpfung. Sie hatten damit zu tun, in der wilden Natur mit ihren mächtigen Elementen, die sie wohl kein bisschen verniedlichten, zu überleben. Moderne Menschen, die zwar ebenso gefährdet sind wie die Menschen der Frühzeit, halten sich im Gegensatz zu denen oft für unverwundbar, weil sie glauben, dass Sicherheit durch Krankenkassen, Versicherungen, Schlösser an den Türen und eine starke Armee gewährleistet ist. Die Natur scheint »besiegt«, der Wille des Menschen scheint die Unberechenbarkeit der elementaren Kräfte zu überwinden. Doch dann passieren diese Katastrophen. In der Frühzeit menschlicher Kultur waren das völlig von Menschen unbeeinflusste Ereignisse, Meteoriteneinschläge, Eiszeiten, Seuchen. Heute sind die Katastrophen oft das Resultat menschlichen Handelns: Ausbeutung der Natur und der Ressourcen, Vergiftung der Umwelt, Ausgrenzung, Unterdrückung von Menschen. Und während die Menschen der Frühzeit sich sehr wohl darauf verstanden, im Einklang mit der

Natur zu leben, schon aus dem Wunsch, in ihr zu überleben, ist dieses Mittel, Gefahren abzuwenden, heute weitgehend aus der Mode gekommen. Scheinbar haben wir es nicht mehr nötig, darauf zu achten, dass die Natur oder andere Menschen nicht durch unser Handeln bedrängt oder zerstört werden. Dadurch wächst die Gefahr, dass wir durch unsere eigenen destruktiven Handlungen und ihre Folgen bedroht werden. Dagegen hilft allerdings kaum ein Fetisch oder Amulett.

Schon sehr früh in der Geschichte der Menschen versuchte man, sich vor Unwägbarkeiten und Gefahren zu schützen. Die ältesten Zeugnisse menschlicher Kultur sind Kultklingen, Amulette und Idole, also Frauenfigürchen, Tierdarstellungen, die als Schutz und Verstärkung in Getreidespeichern, neben Feuerstellen und in Wohnbereichen aufgestellt wurden. Amulette wurden nach der Zeichnung im Stein ausgewählt und bearbeitet. Bevorzugt wurden Achate, die eine Art Augenmuster hatten. Denn Augen und Hände wurden schon bald zum stärksten Symbol der Abwehr. Augenamulette und Hände, in Fels geritzt oder gemalt, schützten die Menschen der steinzeitlichen Gemeinschaften vor Angriffen – oder vor ihren Ängsten davor. Auch Zähne und Krallen von erlegten Tieren, besonders von gefährlichen Raubtieren, werden noch heute als Träger von besonders starker Energie gesehen und zum Schutz getragen.

»Du hebst so sorglos Dinge auf, nimmst sie mit nach Hause und lebst mit ihnen«, mahnte mich einmal die

Fetischpriesterin in Ghana, bei der ich monatelang lernte, »denkst du denn nie daran, dass jedes Ding bewohnt ist und eine Kraft in sich birgt, die sich auch gegen dich wenden kann?«

Nein, daran hatte ich nie gedacht, bevor ich sie kennen lernte. »Besitz macht besessen«, sagte sie auch. »Alles ist belebt, bewohnt und diese Energien wollen beachtet, gefüttert, gepflegt werden. Behandelst du sie nicht gut, vernachlässigst du sie, können sie sich gegen dich wenden.«

Wer sich unter diesem Aspekt die eigene Wohnung, das eigene Haus genauer anschaut, kann schon ins Grübeln kommen. In den alten Stammeskulturen Afrikas und Asiens ist die ganze Erde mit allen Dingen Menschen, Tieren, Pflanzen und Wesen belebt, beseelt. Die Menschen sollen allen Wesen mit Achtung begegnen. Geschützt ist, wer sich im Einklang mit allen Wesen befindet, wer nichts zerstört, nichts zu viel und nichts zu wenig hat, wer seine Kraft nicht auf der Zerstörung anderer Wesen aufbaut, wer nicht mehr nimmt als nötig.

Zu dieser Balance mit allen Wesen gehört auch, dass Geister, Göttinnen, Götter, Elementarwesen die Menschen unterstützen. Wie können diese Geister gerufen werden? Ähnlich wie ein Vogelhäuschen mit Futter Vögel lockt oder eine Autobahn Autos, kommen Geister besonders gern, wenn ihre Lieblingsform mit den Lieblingsfarben und Lieblingssubstanzen aufgestellt wird. Wassergeister, Nymphen und Quellnixen brauchen logischerweise Wasser, Feuergeister brauchen nicht nur irgendeine Art des offenen Feuers von der Kerze über den Holzofen zum Ritualfeuer, sondern auch Feuergaben, die schön gestaltet und möglichst wohlriechend verbrennen sollen. In manchen Traditionen gibt es Feuerbrettchen als Gaben, die, schön gemalt mit natürlichen Substanzen, mit Ölen eingerieben, mit Kräutern und Honig versetzt, das Feuer außerordentlich erfreuen. Luftgeister lieben Rauch und köstliche Düfte, Gesang und Musik. Erdgeister halten sich gern an Orten auf, wo gekocht wird, sie wohnen in Gefäßen, in Häuschen, die für sie aufgestellt werden, in Kräutern und Wurzeln, in allem, was aus der Erde hervorgeholt wird: Kristalle, Gold, Silber, Lehm, Feldsteine, Opale, Erden aller Art. Werden sie mit Gewalt aus der Erde gerissen, ohne rituelle Versöhnung mit der Erde, dann kann die Kraft der Erdgeister sich gegen die Menschen richten. Die Geister des Universums lieben kosmische Substanzen. Die magischen Tier- und Pflanzenmütter, also die Urformen der jeweiligen Pflanze, des Tiers, werden durch Rufen, Gesang, Düfte und Tanz gerufen. In allen Teilen des entsprechenden Tiers oder der Pflanze schwebt auch die Kraft der Geist-Mutter. Wurde die Pflanze sinnlos ausgerupft, das Tier sinnlos getötet, kann auch der Zorn der Geist-Mutter erregt werden. Deshalb ist es wichtig, immer wieder ein Ritual zu machen, in dem Tabubrüche versöhnt werden. Es geht dabei weder darum, sich übermäßig Vorwürfe zu machen, noch die Tabubrüche auf die leichte Schulter zu nehmen. Solche Rituale sind ein Ausgleich: Wir machen Fehler, wir zerstören Wesen, am Ende werden wir selbst tot sein, wir nehmen, wir geben. Alles ist im Fluss. Alles ist im Einklang. Die eigene Beteiligung an Leben, Nutzung, Zerstörung und Tod anzuerkennen ist ein ganz wesentlicher Teil alter Rituale. Alle Wesen zu ehren und mit ihnen in Harmonie leben zu wollen ist wichtige Voraussetzung dafür, dass Geistwesen mit uns kooperieren. Leichtigkeit ohne Rücksichtslosigkeit, Anerkennung der eigenen Zerstörungskraft ohne Schuldgefühle, Demut ohne Unterwürfigkeit, Heiterkeit ohne Schadenfreude, Würde ohne Melodramatik, Achtung ohne blindes Vertrauen – das ist die Annäherung, die Geister lieben.

Schon immer haben Menschen auch versucht, Geister, diese flüchtigen Wesen, die man nicht binden kann, in ihre Behausungen zu locken und sie mit ihren Lieblingssubstanzen zum Bleiben zu verführen. In dieser Tradition stehen Fetische. Ein Fetisch ist ein potenzieller Wohnort für eine Geistenergie, die durch diese besondere Form gerufen werden soll. Fetische mit Fell, Krallen und Zähnen von einem bestimmten Tier rufen die Tiermutter dieser Tierart. Menstruationsblut in einem Fetisch ruft die Macht der Frauen, Spucke, Nägel und Haare binden die Kraft der entsprechenden Person in einen Fetisch. Viele Fetische in Afrika sind Frauenskulpturen, die mit Tierenergie, mit Erdklumpen, Federn und Fell verstärkt werden. Denn seit Urzeiten gelten die weibliche Kraft, die Macht der Mutter, Tierkräfte und die Energie der Erde als besonders schützend.

Auch was sich ursprünglich im Inneren der Erde befand, wird als besonders schützend und stärkend empfunden. Gold, Silber, Kupfer und andere Erze vertreten die Energie der Erdgeister, alle Harze vertreten die Baumgeister und Steine wie Achate, Jade, Kristalle, Karneole bringen die Energie der Erde. Diamant gilt als kühle, schneidende Energie der Luftgeister, die sich mit Erdgeistern zusammentun. Meteoriten bringen die Geistwesen aus dem Universum, Korallen und versteinerte Muscheln enthalten die uralten Meeresgeister, Flintsteine dagegen sind eine Art Sammelbecken für Pflanzen- und Tierenergien. Die ältesten Amulette der Menschheit sind aus Flint, also Feuerstein, Seifenstein, Jade, Muscheln und Bernstein gearbeitet. So trugen die frühen Menschen die Elementargeister um den Hals oder am Körper und schützten sich vor allzu heftiger Naturmacht.

Später wurden die Fetische, Amulette und Talismane feiner, fantasievoller. Pflanzenfasern, Tierhaut, Harze, Fäden, Haare wurden verarbeitet, immer mit der Absicht, dass jedes verarbeitete Material eine bestimmte Geistenergie rufe.

Das Anfertigen eines magischen Wohnortes ist eine Sache, aber das Wichtigste ist das Aufladen, das rituelle Rufen der Energie, die im Fetisch oder im Geisterhäuschen schließlich wohnen soll. Während es bei Vogelhäuschen relativ einfach ist – du findest das Lieblingsfutter und die Vögel stellen sich ein –, braucht es bei Geisterhäuschen und Fetischen eine genaue Kenntnis darüber, was Geister und göttliche Wesen, elementare Energien gern haben und wie man sie locken kann. Das Ritual entspricht dann der Fütterung oder auch der Neuschöpfung der Welt unter Einbeziehung aller Geister. Vielleicht ist es auch nur eine Bestätigung des Bündnisses zwischen der Menschenwelt und allen anderen Wesen. Eine Erneuerung der Freundschaft zu allen Geistern und zur Natur. Eine Kontaktaufnahme und ein Informationsaustausch.

Geisterhäuschen, wie sie in China und überall in Asien üblich sind, oder auch Schreine und Hausaltäre, wie wir sie aus dem Alpenraum und aus unserem Kulturkreis kennen, bilden traditionelle Wohnorte für Geister, Göttinnen, Götter aller Art. Sie werden so gestaltet, dass all jene Materialien vorhanden sind, die entsprechende Wesen gern haben. Die Elemente können vertreten sein durch eine Wasserschale, durch Räucherstäbchen, eine Kerze und Kräuter oder eine Figur. Steine, Muscheln, Blüten können den Altar schmücken.

Ein reicher und mächtiger Herzog wollte einmal auf Reisen in fremde Länder gehen, weil er abenteuerlustig war. Er lebte auf großem Fuß, anders war er es nicht gewöhnt, und bald hatte er kein Geld mehr und war weit von zu Hause fort, wo sein Bruder den Besitz verwaltete. Nun war er arm und verzweifelt und auf die Barmherzigkeit fremder Menschen angewiesen. Er machte sich auf den langen Weg nach Hause. Für einen stolzen Mann wie den Herzog war es eine große Erniedrigung, mittellos zu sein. Hungrig wanderte er durch einen Wald. Da fand er eine Hütte. Er hoffte, dort freundliche Menschen zu finden, die ihm etwas zu essen geben konnten, aber die Hütte war leer. Er fand nichts zu essen, doch auf dem Tisch stand ein uraltes Kästchen. Er öffnete es. Ein Zettel war darin. »Lasse, mein Knecht!«, las er. Kaum hatte er die Worte ausgesprochen, antwortete eine Stimme: »Was befiehlt mein Herr?« Der Herzog sah einen kleinen Kerl in altmodischer Kleidung vor sich stehen.

»Wenn du wirklich Lasse, mein Knecht, bist, dann besorge mir etwas zu essen«, sagte der Herzog.

Lasse verbeugte sich und verschwand. Bald darauf wurde ein üppiges Mahl aufgetischt und zum ersten Mal seit langer Zeit konnte der Herzog sich satt essen. Er wünschte ein Bett und allerlei Bequemlichkeiten. Und wie das Sprichwort schon sagt: Je mehr einer hat, je mehr er will, verlangte er die abenteuerlichsten Dinge von Lasse, am Ende sagte er: »Verwandle diese Hütte in ein Schloss.«

Als sich der König am Morgen am Fenster die Landschaft beschaute, traute er seinen Augen nicht. Da stand plötzlich ein prächtiges Schloss. Er ließ seine Diener die Sache erforschen und bald stand der Herzog vor ihm. Obwohl dem König die Sache mit dem Schloss seltsam vorkam, war er doch ein stattlicher

Mann, offenbar sehr reich, und seine Tochter signalisierte ihm, dass sie gerne diesen Fremden heiraten würde. Also wurde die Hochzeit gehalten. Lasse richtete die Feier aus.

Nach zwei Jahren rief der Herzog Lasse zu sich und sagte: »Du hast mir lange Zeit treu gedient. Ich will dich aus meinem Dienst entlassen. Was wünschst du dir als Lohn?« Lasse sagte: »Gib mir einfach den Zettel, dann bin ich zufrieden. Dieser Wunsch schien bescheiden.« Lasse bekam den Zettel.

Als der Herzog am Morgen aufwachte, lag er auf Stroh in einer elenden Hütte, seine wunderschöne Frau lag neben ihm und der König rieb sich die Augen – weg war das Schloss. Er ritt mit seinen Getreuen zum Herzog. Als er diesen mit seiner Tochter in der schäbigen Hütte fand, geriet er in Wut. Der König ließ den Herzog, seinen Schwiegersohn, verhaften und verkündete, dass er wie ein Dieb am Galgen sterben sollte. Und so geschah es. Er wurde auf den Galgenhügel gebracht. Der Henker aber war von der Prinzessin bestochen worden, die Schlinge so zu legen, dass er nicht starb. Als er nun am Galgen hing und der volle Mond aufging, nahm er plötzlich eine seltsame Prozession wahr. Zwölf Fuhrwerke, voll beladen mit zerschlissenen Schuhen, zogen am Galgen vorbei und auf dem vordersten saß der Geister-Knecht Lasse.

»All diese Schuhe musste ich verschleißen, um deine Launen zu befriedigen und dir zu dienen«, sagte Lasse und wedelte mit dem Zettel. Der unglückliche Gehenkte nahm seine ganze Kraft zusammen und riss Lasse den Zettel aus der Hand. »Nimm mich vom Galgen!«, befahl er. Gesagt, getan. »Bau das Schloss wieder auf. Bring meine Frau her!«

Als Lasse alles erfüllt hatte, wurde der Herzog nachdenklich. Ihm wurde klar, wie unersättlich er gewesen war und wie schnell Reichtum und damit auch Anerkennung und Freundschaften verschwinden konnten. Er bat den König zu sich und erzählte ihm alles. Dann rief er Lasse und bot ihm an, ihn endlich aus seinem Dienst zu befreien. Lasse verlangte, dass das Kästchen mit dem Zettel tief in der Erde vergraben würde, damit er endlich Ruhe habe. So geschah es und Lasse wurde nie mehr gesehen.

3
Die moderne Welt
Neue Wohnungen der Geister

Für Geister ist der Umgang mit der modernen Welt offenbar kaum ein Problem. Wer jemals in einer Diskothek getanzt hat, weiß, dass die Musik nicht nur durch ihre Lautstärke beschwörerische Qualität hat. Es scheint, als könnten sich viele Menschen nur durch Drogen aus dem festen Körper herauskatapultieren und mit der Energie surfen, die Rhythmus, Klänge erzeugen. Das erinnert durchaus an kultische Tänze in Stammeskulturen, bei denen Trance durch Rhythmus und lautes Singen und Musizieren erzeugt wird. Und Trance ist die Seins-Ebene, auf der wir Menschen mit den Geistern kommunizieren. Auf der wir vergessen, dass wir in den engen Grenzen der körperlichen Existenz gefangen sind. Überall wo Geschwindigkeit, Rhythmus, Musik und Gerüche beteiligt sind, tummeln sich die Geister am liebsten. Und daran ist in unserer Welt ja kein Mangel.

Auch die Talkshows im Fernsehen stehen ja durchaus in der Tradition der öffentlichen Heilungen afrikanischer Gemeinschaften. ModeratorInnen übernehmen die Funktion der Zauberkundigen, Probleme werden offen diskutiert. Geheimnisse kommen ans Licht und die Geister freuen sich, reiten auf der Elektronik und heizen alles noch ein bisschen auf. Doch während in den alten Heilritualen die Beteiligten erleichtert und geheilt wieder in ihr normales Leben zurückkehren, wird hier alles nur aufgewühlt. Zurück bleibt Ratlosigkeit, Kummer, Leere und das schale Gefühl des Betrugs. Geisternahrung. Die Gaben, die den Geistern nicht freiwillig gegeben werden, Alkohol und Rauch, holen sie sich über die Sucht. Exzessives Rauchen, Trinken und Drogenkonsum rufen die Geister, die sich dann in den Süchtigen niederlassen. Wie viele Säufer haben im Delirium schon Geister aller Art gesehen und erlitten! Geister sind ja weder gut noch böse. Sie siedeln sich in einer Grundenergie an, die ihnen Raum lässt, in Gebeten so gern wie im Exzess, in verzückten Menschen so gern wie in verrückten. Und wo sie leben, verstärken sie die vorhandene Energie. Es liegt an uns, ihnen Grenzen zu weisen. Sie einzuladen und fortzuschicken.

Der Geist, mit dem wir noch am meisten beschäftigt sind, ist der Zeitgeist. Er lebt in Moden, in Lieblingsphilosophien, im Streben nach Macht und Profit und im Versuch, in die Stille zu sinken und mit allen Wesen eins zu sein. Der Zeitgeist ist mächtig. War die 68er-Generation noch begeistert mit dem Basteln einer »Kulturrevolution«, mit der Veränderung der Gesellschaft beschäftigt, macht sich heute ein Überdruss an politischer Arbeit breit, die Jugendlichen haben kaum noch wirklichen Spielraum, der Zeitgeist treibt sie in ein Erfolgs- und Sicherheitsdenken. Der Zeitgeist entsteht da, wo auch der Geist der Alten herkommt: in den Köpfen der Menschen. Doch während der Zeitgeist eine lebendige ständige Neuschöpfung aller beteiligten lebendigen Menschen ist, wirkt der Geist der Alten fast noch stärker, wenn sie tot sind. Solange die Mutter kritisiert, wenn sie noch lebt, kann die Kritik erwidert, abgewiesen, vielleicht neutralisiert werden. Ist die Mutter tot, hallt das Echo ihrer Stimme, schwebt ihr Geist im Raum. Gegen die Vorschriften und Mahnungen der Alten können wir uns nur wehren, indem wir eine eigene Ethik entwickeln und die Ahnengeister da zurückweisen, wo wir ihre Botschaften nicht akzeptieren können. Manchmal kommen uns aber auch Ahnengeister zu Hilfe, die lebensrettend werden können.

Straßen und Kreuzungen

Der Unfall, der vor kurzem in München passierte, ist eigentlich nichts Besonderes: Ein Mädchen lief einem Mann genau vors Auto und wurde schwer verletzt. Der Mann erlitt einen Schock und musste im Krankenhaus behandelt werden, von dem er sich fast nicht wieder erholte. Er hatte nämlich zwei Jahre zuvor an exakt derselben Stelle exakt den gleichen Unfall gehabt: Jemand war ihm vors Auto gelaufen. Beide Male war er nicht schuld und konnte nichts tun, um den Unfall zu verhindern.

Für die westafrikanischen Yoruba ist das keine Überraschung. Sie wissen, dass auf Straßen und Kreuzungen eine Gottheit namens Eshu oft für Aufregung sorgt. In der Wiederholung von Störungen oder Unfällen erkennen sie Eshus Anwesenheit. Dann wird ein kleines Opfer gebracht und Eshu beschwichtigt.

Etwas ähnlich Unheimliches passierte mir mit meiner Tochter. Wir fuhren zusammen auf dem Motorroller, sie in die Schule, ich zu einer Veranstaltung. Ein Müllwagen bog auf die Hauptstraße, auf der wir dahinfuhren, sah uns nicht und wir entkamen nur haarscharf dem Schicksal, von den riesigen Reifen an der Mauer neben uns zerquetscht zu werden. Wir stiegen ab, schimpften, lachten und fuhren weiter. Eine Viertelstunde später passierte das Gleiche noch einmal: Ein BMW fuhr mit hoher Geschwindigkeit, ohne die Vorfahrt zu beachten, auf die Hauptstraße. Diesmal erwischte es uns. Dass ich beinahe zu Tode kam und darüber lachen konnte, trug mir eine innige Freundschaft mit der Göttin Kali, mit Eshu und ähnlichen Geistern ein.

Wie viele Anstrengungen wir auch unternehmen mögen, um sicher durchs Leben zu gehen, es bleibt immer das, was Versicherungen ein »Restrisiko« nennen. Sicherheit gibt es nicht. Wer immer zu Hause bleibt, nur um der Gefahr eines Unfalls, eines Überfalls oder einer Verletzung zu entgehen, fällt vielleicht im Wohnzimmer vom Stuhl oder verbrennt sich am Herd. Irgendwas ist doch immer. Die Welt der Geister ist der Menschenwelt ganz entgegengesetzt. Angst vor Gefahren? Vergiss es. Absicherungen? Das fordert nur die Erfindungsgabe der Geister heraus. Da ist es schon sinnvoller, die Existenz der Geister mitzudenken und ihnen ab und zu eine kleine Freude zu machen. In Afrika und südamerikanischen Ländern werden Straßenkreuzungen regelmäßig beopfert, um die Geister zu besänftigen. Dabei geht es wieder nicht darum, die Unfallzahlen zu senken oder einen Deal mit den Geistern zu machen, sondern es geht um die Anerkennung dessen, was wir nicht wissen können, um die Achtung vor Wesen, die wir nicht kennen. Geister lieben Straßen und vor allem solche mit hohem Verkehrsaufkommen. Irgendwann wird jeder Autofahrer mal unaufmerksam oder müde. Dann ist die Stunde der Geister gekommen. Sie werfen Trugbilder in das müde Hirn. Hier taucht ein Fußgänger auf, der gar nicht da ist. Dort fängt die Straße an, sich zu wellen und aufzubäumen wie ein lebendiger Organismus. Wer hätte solche Erscheinungen bei langen Autofahrten nicht schon gehabt. Sicher, die Hirnforscher können das mit der Körperchemie erklären. Doch niemand kann erklären, warum wir Anlegestellen im Hirn haben, die uns diese Erscheinungen überhaupt erst möglich machen. Oder anders gesagt, wenn es, wie der Hirnforscher Ramachandran sagt, so etwas wie ein »Gottesmodul«, also eine Stelle im Hirn gibt, die spirituelle Empfindungen umsetzen kann, wofür haben wir das?

Für schamanische und magische Traditionen ist das kein Wunder. Die »hardware«, also der Körper, hat Anlegestellen für alles, was existiert. Dass wir das meiste davon nicht deuten können, ist unserem kurzen Leben, unserer mangelnden Erfahrung, aber mehr noch, der Blockierung unserer Kombinationsfähigkeit durch Kindheitshypnosen, durch Misserfolge und den daraus resultierenden seltsamen Komplexen zuzuschreiben. Wenn wir ganz offen bleiben und alle Phänomene spontan betrachten könnten, ohne uns gleich zu ermahnen, was es alles nicht gibt und nicht geben darf, würden wir wahrscheinlich die Vielschichtigkeit universeller Existenz erkennen und uns ohne Angst auf neue Erfahrungen einlassen.

Auch an deutschen Straßen finden sich kleine Kreuze mit Blumen und anderem Schmuck, die nicht nur an Menschen erinnern, die dort verunglückt sind, sondern auch eine Art Beschwichtigung der Geister darstellen. In unserer Kultur will zwar niemand irrational sein, gleichzeitig gibt es jedoch viele versteckte Rituale, die sich genau betrachtet an Geister, auch die Geister der Verstorbenen richten. Ironischerweise hat sich ja auch die scheinbar logische Methode nicht bewährt, alle Alleebäume an stark befahrenen Straßen zu fällen und damit potenzielle Verkehrshindernisse zu beseitigen. Denn gerade an Straßen ohne Hindernisse, an Schnellstraßen oder Autobahnen, verunglücken überproportional viele Autofahrer. Manche müssen sich sogar an Böschungen überschlagen, um den einzeln stehenden Baum zu finden, um den sie sich schließlich wickeln. Es gefällt den Geistern nicht, wenn ihre Lieblingswohnorte vernichtet werden. Es gefällt ihnen vielleicht auch nicht, dass alle nur von A nach B hetzen und nichts mehr um sich herum wahrnehmen. Das Spielerische geht dabei verloren. Dafür bleibt keine Zeit mehr. Zeit ist aber kein Thema für Geister.

Die Attribute der Yorubagottheit Eshu, die sowohl weiblich als männlich sein kann, zeigt uns die Vielschichtigkeit der Geisterwelt auf: spielerisch, unberechenbar, vollkommen unempfänglich für Bestechungen aller Art. Verehrt jemand Eshu zu sehr, bekommt er eins auf die Mütze. Vergisst man jedoch, Eshu zu achten und zu ehren, wird man schnell daran erinnert.

Ich habe vor mehr als zehn Jahren mein Auto aufgegeben und fahre nur noch selten mit einem Leihwagen, wenn ich ein Reiseziel habe, das mit öffentlichen Verkehrsmitteln schwer zu erreichen ist. Dadurch ist Autofahren zu einem rituellen Vergnügen für mich geworden. Ich nehme Hirse mit und füttere gelegentlich die Straße. Auf der B12, die für mich eine schlafende Drachin darstellt, werfe ich immer fünf Mark hinaus, weil fünf meine Lieblingszahl ist und ich so einen Bezug zwischen meinem spirituellen Vergnügen und dem Vergnügen der Straßengeister herstelle. Auch Wacholderschnaps ist ein gutes Mittel, um Straßengeister zu besänftigen. Natürlich trinke ich ihn nicht, sondern schütte ihn aus dem Fenster.

Gelegentlich streue ich auf einer viel befahrenen Kreuzung in der Stadt einen Getreide- oder Mehlkreis aus, rassle, singe und zünde ein kleines Teelicht in der Mitte des Ritualkreises an. Einerseits erzeugt das ein Wärmefeld – wenn ich tagsüber mit dem Fahrrad vorbeifahre, fühle ich mich vergnügt und wohl –, andererseits spüre ich, wie diese gebündelte rituelle Energie die Kreuzung entschärft. Aber das größte Vergnügen besteht natürlich darin, über das Ritual mit anderen Passanten ins Gespräch zu kommen. Gelegentlich spielen sie sogar mit. Autos, die sonst durch die nächtliche Stadt rasen, fahren fast immer neugierig, staunend und umsichtig um meinen kleinen Ritualkreis herum. Sogar ein Polizist meinte einmal: »Grundsätzlich ist das ja in Ordnung, solange niemand behindert wird...«

In Spanien, in der Nähe von Murcia, gibt es eine sehr gefährliche Straße, auf der schon viele Unfälle passiert sind. Ein Ehepaar war nachts auf dieser Straße unterwegs nach Hause. Die Frau mahnte den Mann, nicht so schnell zu fahren, doch er wollte nicht auf sie hören. Die Straße war trocken und er sah keinen Grund, seine Geschwindigkeit zu verringern. Da tauchte im Scheinwerferlicht plötzlich eine junge Frau auf, die mit beiden Armen wedelte und winkte. Der Mann bremste und kam zum Stehen. Die junge Frau bat ihn, sie mitzunehmen und das Ehepaar willigte ein. Sie stieg ein. Der Mann beschleunigte. Da sagte sie: »Fahren Sie jetzt ganz langsam, bitte, dort hinter der Kurve ist ein Unfall passiert.«
Woher sie das wisse, fragte der Mann und bremste, weil er dachte, dass sie vielleicht in den Unfall verwickelt gewesen sei. Tatsächlich: Kaum kamen sie um die Kurve, sahen sie schon, dass die ganze Straße blockiert war.
Hätte der Mann nicht die Geschwindigkeit verringert, wäre er voll in die verunglückten Wagen gerast. Er wollte sich bei der jungen Frau bedanken und

wandte sich zu ihr um – da saß niemand auf dem Rücksitz.

Später erfuhr er von der Polizei, dass oft eine Geisteranhalterin auf dieser Straße Autos aufhalte und Unfälle verhindere. Diese junge Frau sei selbst auf dieser Straße verunglückt und gestorben...

Zahlen

Zahlen sind Geisterbahnen: Geister lieben Zahlen-
spiele, Zahlenverwirrungen. Geld zieht närrische Geister an. Geister reiten Menschen in Abhängigkeiten,
Geldgier und am meisten lieben sie es, wenn Menschen in abstrakten, also Zauber-Materialien verloren
gehen. Wer nach Geld, Reichtum, Zahlenkolonnen auf
dem Kontoauszug, Aktien usw. süchtig wird, also nach
Zutaten, die weder warm noch satt machen, die in sich
nichts sind, die reine Zaubersubstanz darstellen, wird
selbst zum Geisterwohnort. Böse Geister kann man
nicht vertreiben, man kann sie nur langweilen. Man
langweilt sie, indem man das Spiel nicht mitmacht:
Immer noch mehr.
Zahlen beschäftigen jedoch nicht nur Geister, auch
manche Menschen sind von bestimmten Zahlen derart besessen, dass sie ihr ganzes Leben diesen Zahlen
opfern. Arnold Schönberg, der Komponist, war sicher,
die Zahl Dreizehn bringe ihm das Verderben. Als er
neununddreißig war (drei mal dreizehn), lebte er derart
vorsichtig, dass er kaum noch aus dem Haus ging. Aber
der zweiundfünfzigste Geburtstag nahte. Er dachte

sich allerhand Sicherungen aus, um sich für vier mal dreizehn zu wappnen. Aber er hatte nicht weit genug gedacht. Die Geister spielten sein Spiel mit und ließen ihn schon am 13. Juli um dreizehn Uhr sterben.

Natürlich kann man Geistern mit Zahlen auch kleine Nester bauen und sie in andere Spielfelder locken, in denen der Ausgang des Spiels noch in der Menschenwelt zu genießen ist. Zum Beispiel baue ich meinen Geistern allerlei Wohnorte aus der Zahl Fünf. Dominosteine, Spielkarten, Anordnungen von fünf Gegenständen erfreuen mich genauso wie die Geister. Legt man in so einem Nest zum Beispiel ein Fünfmarkstück aus, zieht das oft Beträge mit der Zahl Fünf und einer oder mehreren Nullen hinter sich her. Wichtig ist dabei, dass es niemals auf den Gewinn ankommt oder darauf, dass endlich Geld reinkommt. Die Kunst ist, die Geldnot einfach zu ignorieren, nicht mal zu ignorieren. Ich mache das, indem ich mir etwas leihe, damit schon mal was da liegt, wenn ich zu spielen anfange.

Ein junger Mann, den ich kenne, begann mit dem Computer in Börsenspekulationen einzusteigen. Er hatte eine hübsche Erbschaft gemacht. Bald stiegen die Aktien, die er gekauft hatte, und er wurde immer kühner. Als er seine Erbschaft mehr als verdoppelt hatte, rieten ihm seine FreundInnen, auszusteigen. Aber was er nicht wusste: Er hing fest an der Leine der Geister. Sie führten seine Finger, wenn er seine Spekulationen durchgab, sie verwirrten seinen Geist, gaben ihm wilde Träume und Versuchungen durch und erfreuten sich an seiner Be-Geisterung. Überall auf dem Globus ritten die Geister auf den gierigen Träumen der Spekulanten. Dann hatten sie plötzlich keine Lust mehr und sprangen ab. Die Aktienkurse stürzten ins Bodenlose. Der junge Mann, den ich kenne, verlor alles, was er besaß. Er war nicht der Erste, bei dem ich dieses Phänomen der Geisterrutschbahn beobachten konnte. Als ich noch ganz jung war, ging ich einmal mit ein paar FreundInnen zur Spielbank. Ich hatte nur zweihundert Mark und wusste, wenn die weg sind, muss ich aufhören. Schließlich hatte ich eine kleine Tochter zu füttern. Auch meine Schwester hatte nur ganz wenig dabei. Die beiden Männer, die mitkamen, stiegen schon etwas höher ein. Der eine hatte alles dabei, was seine Oma ihm vererbt hatte. Meine Schwester gewann am meisten. Kaum hatte sie ihren Einsatz verdoppelt, hörte sie auf. Sie war für die Lockrufe der Geister taub und keine Versuchung der Welt konnte sie dazu bringen, weiterzumachen. Ich gewann nur fünfzig Mark, weil ich bei einem recht hohen Gewinn noch einmal einsteigen wollte und verlor. Der Freund, der das meiste Geld dabei hatte, fiel auf einen besonders gemeinen und uralten Trick der Geister herein: das todsichere System. Er hatte es nämlich. Er spielte mit der Gewissheit, die Bank zu sprengen. Tatsächlich verlor er sein ganzes Geld, aber selbst da wollte er noch nicht glauben, dass sein System nur Geisterwerk war. Hätte ich mehr Geld dabeigehabt, dann hätte es geklappt, meinte er. Von dieser Sorte Geister-Gerittener gibt es mehrere in Spielbanken, an Lottoschaltern, an Spiel-Maschinen, auf Rennbahnen. Gegen jede Erfahrung, gegen besseres Wissen, ja sogar gegen ihren eigenen Instinkt setzen sie alles aufs Spiel und wissen nicht, dass der Spieltrieb der Geister gerade von Zahlen, Zahlenkombinationen und Farben besonders angeregt wird.

Das erinnert mich auch an ein Computervirus der neuen Generation: Jeden Tag ersetzt er in einem Programm eine Zahl durch eine andere, bis in den Zahlen, die jemand in seinem Computer gespeichert hat, nichts mehr Sinn macht, oder sagen wir: bis eine völlig neue Sinnkombination der Zahlen erreicht ist, mit der allerdings der Urheber der ursprünglichen Zahlenkombinationen nichts mehr anfangen kann. Geisterfutter! Eindeutig!

Auch Geld ist eine beliebte Aufenthaltssubstanz für Geister. Mit Geld sind praktisch immer hohe Emotionen verbunden. Kaum ein Mensch steht zu Geld so gleichgültig, dass das Einnehmen oder Ausgeben, die Forderung oder die Gewährung von hohen Summen ohne Gefühlsregung über die Bühne geht. Und gerade in diesem Grenzbereich tummeln sich die Geister besonders gern. Wenn aber jemand witzig und unberechenbar im Umgang mit Geld ist, kann sie oder er mit unerwarteter Unterstützung durch die Geister rechnen. Nichts haben sie lieber als das Aufbrechen von Einheitsstrukturen, von eingefahrenen Bahnen und berechenbaren, kontrollierten Handlungen.

Auf der Buchmesse habe ich bei Erscheinen meines Buchs über Geld, »SteinReich«, einen Zehnmarkschein verbrannt. Heftiger könnte die Reaktion auch nicht ausfallen, wenn ich ein Kind gefoltert oder einen Mann kastriert hätte. Manche der Zuschauer flippten völlig aus. Dabei handelte es sich doch nur um Papier, das außerhalb des Absprache-Raums überhaupt nichts kann, weder nähren noch wärmen, noch gut riechen oder schmecken. Geld ist magische Substanz und mit Geld reisen Geister, immer und überall. Wer Geld bekommt, ausgibt, herschenkt, verbrennt, wegschmeißt, aufhebt, berührt immer auch die Welt der Geister. Und wer nicht versteht, dass Geld als magische Substanz in den Übergangsbereich zwischen dieser und jenen Welten gehört und damit nicht »rational« oder »verantwortungsbewusst« behandelt werden kann, wird nie verstehen, warum die Welt in dem Zustand ist, in dem sie eben ist. Milliardenbeträge werden ausgehandelt für Illusionen, für nichts. Staaten verschulden sich derart hoch, dass vermutlich die Haltbarkeit der Erde nicht reichen wird, um dieses Schuldenkuddelmuddel zu entwirren. Zum Glück handelt es sich dabei ja um reine Geistersubstanz und obwohl Menschen ganz konkret unter dem irren Geistersurfen der Politiker leiden müssen, hat natürlich der Umgang mit Staats- oder Kommunal-Haushalten nichts irgendwie Vernünftiges.

Je rationaler und ernsthafter Geld verhandelt wird, umso tiefer ist bereits der Geisterraum, in dem die Argumentationen wie Blätter auf einem Fluss schwimmen. Da ist kein Boden unter den Füßen, keine wohltuende Begrenzung. Wo das Thema Geld berührt wird, tut sich ein uferloser, grenzenloser Raum aus Spiegelungen und Verwirrungen auf. Wo scheinbar gespart wird, wird am Ende mehr ausgegeben. Wo Verluste hingenommen werden, bereichern sich in Wirklichkeit die Verantwortlichen. Je mehr die Mittellosen sparen, umso weniger reicht's am Ende. Je mehr Bedürfnisse eingeschränkt werden, umso mehr steigen die Kosten für das Lebensnotwendige. Je mehr einer arbeitet, umso weniger bleibt ihm. Je bescheidener ein Mensch lebt, umso knapper wird selbst noch das Lebensnotwendige. Dagegen gibt's die Leute, die alles im wahrsten Sinn des Wortes verjubeln und doch immer durchkommen, ja sogar noch mehr bekommen. Vernünftig kann der Kampf um Geld nicht gewonnen werden. Es gibt nur eine Möglichkeit, die allerdings dem Finanzamt nicht so gut gefällt: mit den Geistern spielen und gar nicht erst nachfragen, wie es gelingt. »Wenn ich rechne, reicht's nicht«, sagte meine Freundin, die Philosophin Erika Wisselinck, »aber wenn ich nicht nachrechne, reicht's immer.«

Die Anhänger der »Illuminaten«-Theorie (A. Wilson »Illuminati« – die Illuminaten sind eine Art Freimaurer-Geheimbund, in Logen organisiert, der seit Jahrhunderten der Theorie nach ins Geschehen der Welt verschwörerisch eingreift) hängen an der Zahl 23. Angeblich erkennt man, dass die Illuminaten am Werk sind, wenn die Zahl 23 mit dem Ereignis verbunden ist. So behaupten Anhänger dieser Theorie, dass der Anschlag auf das World Trade Center nur ein Werk der Illuminaten sein kann, weil das Datum 11.9.2001 die Quersumme 23 ergibt.

Marken

Ein kleiner Haken auf der Kleidung macht den großen Unterschied. Alle Kids lieben Sportkleidung von Nike. Nike ist cool. Was früher Kaffee und Putzmitteln vorbehalten war, die Macht des Namens, ist heute überall im Bekleidungsverhalten der Jugendlichen zu sehen. Wer heute nicht die richtige Marke trägt, ist out. Dabei werden fast alle Kleidungsstücke, ob teuer, ob billig, ob Markenname oder No-Name, in Asien hergestellt. Die Qualität spielt keine Rolle. Was also spielt eine Rolle? Im Fall von Nike ist die Geisterqualität der Kultkleidung besonders bemerkenswert, obwohl kaum ein junger Mensch den Zusammenhang kennt. Nike ist in der griechischen Mythologie die Kriegsgöttin – ist das symptomatisch für den Existenzkampf, dem Kinder schon im frühesten Alter ausgesetzt sind? Und was bringt eine Tankstellenkette dazu, ihr Benzin unter dem Namen DEA zu verkaufen? Natürlich weiß kaum jemand, dass Dea auf Italienisch Göttin heißt. Aber wo ist der Zusammenhang? Erdöl und damit auch das raffinierte Produkt Autobenzin ist gleichbedeutend mit dem Blut der Erde, dem Blut der Göttin. Was wir also tanken, ist das Blut der Göttin. Ist das nun ein gutes Zeichen oder ist es nicht in Wirklichkeit verhängnisvoll und wird uns ins Verderben führen? Die Erfinder des Namens haben sich über die rituellen Zusammenhänge sicher nicht so viel Gedanken gemacht, wenn sie wohl auch wissen, dass sie mit einer Göttin werben, denn über dem Namen prangt ja das stilisierte Gesicht einer Frau. Wenn mit Symbolworten Kasse gemacht wird, ist das ambivalent. Holen wir uns nicht genau die Kraft her, die wir eigentlich bannen wollen? Rufen wir nicht mit der Göttin auch ihre Unerbittlichkeit? Eine andere Ölfirma wirbt fast schon zynisch mit einer Muschel. Was hier zum Kauf anregen soll, wird doch in Wirklichkeit genau von diesen Firmen zerstört und löst damit einen spirituellen Prozess von Ursache und Wirkung aus. Das Argument: »Das habe ich nicht gewusst!« spielt in der Geisterwelt keine Rolle. Hättest du das Symbol nicht verwendet. Hättest du nicht mit dem Feuer gespielt!

Marken symbolisieren eine Macht, die sie nur haben, weil eine Menge Menschen daran glaubt und an dieser Macht webt. Auch das ist ein Zeichen für die Anwesenheit der Geister. Denn um sich in der Menschenwelt zu zeigen, brauchen sie ÜbersetzerInnen, die Geisterphänomene sichtbar machen, ihnen Form und Gestalt geben.

Doch auch ganz bewusst lebende Menschen, die sich mit den Phänomenen des Lebens, des Universums beschäftigen, fallen auf die Geisterpromotion herein. Wie oft hat dir eine Freundin schon mal einen Rat gegeben, den du genervt verworfen hast, dann besuchst du einen Vortrag von einem berühmten Buddhisten oder Sufi oder Tanzlehrer – und siehe da, die sagen dasselbe und du liegst auf dem Boden vor Anerkennung und Hochachtung. Es scheint, als brauchten wir die Überhöhung durch allgemeine Anerkennung, durch Berühmtheit, um Inhalte zu verarbeiten. Warum erkennen wir nicht die Essenz des Inhalts ohne die Ausrufezeichen berühmt! cool! angesagt!?

Reiche Leute schmücken ihre Wohnungen gern mit angesagten Küchen-Markengeräten oder Designermöbeln. Überhaupt ist die Rolle der Designer, ob in der Mode oder in der Einrichtung, ein wesentliches Statussymbol. Verbündest du dich mit der richtigen Marke, bist du wer. Nur wer? Du brauchst natürlich immer andere Menschen, die diese Marke nicht nur kennen, sondern auch schätzen, um in ihrer Achtung zu steigen. Was alten afrikanischen Kulturen der reich beschnitzte Fliegenwedel war, nämlich Ausdruck von Macht und Einfluss, kann heute durchaus ein teures italienisches Designersofa oder eine bestimmte Kaffeemaschine sein. Die Absprache ist: Wenn du dir das leisten kannst, bist du ganz toll. Wenn allerdings niemand deine coole Marke kennt, hast du ein Problem. Denn wer den Kultstatus einer Marke erst erklären muss, gerät in Zugzwang. Und genau das soll ja mit der Selbstverständlichkeit der zur Schau gestellten Macht verhindert werden. Daraus lässt sich unschwer erkennen, dass Marken keine wirklichen Träger von mächtigen Geisterenergien sind. Wer dagegen im Besitz eines alten mächtigen Geisterwohnorts ist, kann ganz unauffällig bleiben. Die Geister arbeiten. Die Wirkung kommt.

Dass auch Riesen auf Marken hereinfallen, illustriert das folgende Märchen:

Ein Schneider saß in seiner Werkstatt und ärgerte sich über die Fliegen. Er griff nach einer Fliegenpatsche und schlug sie tot. Als er nachschaute, lagen sieben Fliegen da. Sofort stickte er sich auf einen Gürtel »7 auf einen Streich«. Da er nichts mehr zu beißen hatte, machte er sich mit seinem Gürtel um den mageren Leib auf die Wanderschaft. In seinem Gepäck hatte er nur einen alten Käse. In seiner Hand hielt er einen Vogel, den er einmal aufgezogen hatte. Er kam in einen dunklen Wald, das Revier eines wilden Riesen. Das wusste der Schneider aber nicht. Plötzlich begann der Boden zu dröhnen und das Schneiderlein wie Espenlaub zu zittern – ein Riese stand vor ihm. Er drohte dem kleinen Wicht, ihn zu zertreten, doch der Schneider hatte schnell seine Fassung wiedererlangt. »So stark, wie du tust, bist du gar nicht«, sagte er frech. Er deutete auf die Schrift auf seinem Gürtel. »Ich habe sieben auf einen Streich erschlagen!«, brüstete sich der Schneider.

Der Riese starrte den kleinen Kerl fassungslos an, packte schließlich einen Stein und begann, ihn zu pressen, bis das Wasser herauslief. Der Schneider lachte, nahm seinen Käse und begann, ihn zu pressen, bis das Wasser herauslief. Der Riese machte große Augen, kratzte sich am Kopf und dachte nach (was Riesen, wie wir alle wissen, besonders schwer fällt). Wieder griff er nach einem Stein und warf ihn so hoch in die Luft, dass er nicht mehr herunterfiel. Der Schneider klopfte sich auf den Gürtel, warf den Vogel in die Luft und der flog natürlich, so schnell er konnte, davon. So kam es, dass der Schneider mit einem Spruch und ein paar Tricks gegen einen mächtigen Waldgeist siegen konnte, der eigentlich unbesiegbar war.

Autokult

Das Auto ist ein Verkehrsmittel, von Menschen benutzt, um weite oder gar nicht so weite Entfernungen zu überbrücken. Mag sein, dass das die ursprüngliche Idee war, als Autos zum ersten Mal konstruiert wurden, und mag auch sein, dass ein Auto im Prinzip zum Transport von Menschen und Lasten taugt, doch wir alle wissen, dass das Auto von Anfang an weitaus mehr war. Kaum gab es Automobile, gab es auch schon den Mythos des Autos. Die erste Konstruktion der Firma Daimler Benz hieß wie die Tochter des Firmengründers Mercedes, heißt noch heute so und ist als Mythos so mächtig, dass auf der Documenta in Kassel vor einigen Jahren ein Modell der neuesten Serie ausgestellt wurde.

Was bedeutet es, wenn eine atemberaubend schöne, einsame grüne Landschaft gezeigt wird und die Szenerie zur Werbung für ein Auto missbraucht wird? Autohersteller wissen sehr genau, dass auch der gemeine Raser, die Dauerpächter der Überholspur und die schlimmsten Verkehrsrowdys für Natur nicht unempfänglich sind. Vor allem beruhigen sie mit solchen Werbebildern das schlechte Gewissen der wachsenden Zahl ökologisch denkender Autofahrer. Aber wenn wir's mal humorlos genau sehen: Gerade das, was das neue Auto so schön dekoriert, wird durch den Autoverkehr unwiederbringlich zerstört. Und obwohl fast alle Menschen das sehr genau wissen, wird dieses Wissen vergessen, verdrängt und man fährt noch die kleinsten Entfernungen mit dem Auto, weil's bequemer ist.

Ich habe mein Auto in einem Anfall von wahrer Erkenntnis vor zehn Jahren aufgegeben, ja, den Mythos, einen weißen Mercedes, und auf dem schönsten Schrottplatz Bayerns zur Ruhe gebettet, aber vorher bin ich sogar die dreihundert Meter zur Post mit dem Auto gefahren. Seither beobachte ich die Beziehungen zwischen Menschen und Autos und mir wurde klar: Zu den Lieblingswohnorten der Geister gehören Autos. Auch die Menschen, die davon keine Ahnung haben, zollen den Geistern ihren Respekt und erfüllen ihre Bedingungen. Wenn wir den Autokult in den alten rituellen Zusammenhang stellen, wird er schnell als religiöser Brauch enttarnt:

Die Geister der Erde reiten die AutofahrerInnen, denn Erdöl, also Benzin, ist, wie vorn schon beschrieben, das Blut der Erde. Aus der Tatsache, dass es der Erde gewaltsam geraubt und abgepumpt wird, erklärt sich die Besessenheit der meisten AutofahrerInnen. Autofahrten werden ja durchaus nicht in »vernünftigem« Maß durchgeführt, sondern haben eine ganz irrationale Qualität. Auch wer weiß, dass das zügige Vorwärtskommen durch Staus erschwert sein wird, dass kein Parkplatz aufzutreiben sein wird, fährt Auto. Zieht rituelle Runden durchs Land, durch die Stadt. Schenkt den Geistern Erregung, Wutausbrüche, Heulkrämpfe. Die Verteidigung des Autoverkehrs nimmt zuweilen religiösen Eifer an. Wer Autos verteidigt, ist von einer hohen Mission erfüllt, die »Mobilität« und »persönliche Freiheit« predigt. Dass es mit der Mobilität nicht mehr weit her ist, merkt man schon daran, dass Baustellen, Engpässe, Stoßverkehr und ähnliche kultische Hindernisse die Befriedigung der Gläubigen verhindern, die jedoch trotzdem ihre Religion immer verteidigen. Da können sie religiösen Eiferern durchaus die Hand geben. Es gibt eine Art Auto-Fundamentalismus, der zum Beispiel in der Schweiz in einer Autofahrerpartei gipfelt.

Auch Farben und Symbole im Autoverkehr deuten auf religiöse Zugehörigkeit hin. Da sind einmal die alten GöttInnenfarben Weiß, Rot und Blau, mit denen die Verkehrszeichen ausgestattet sind. Überall an den Straßen weisen Pfeile in den Himmel. Wie alte, archaische Religionen fordert der Autokult Blutopfer, die von weiß gekleideten Priestern (Sanitäter, Notärzte) in eine geregelte Form gebracht werden.

Das Autoinnere hat durchaus Schreincharakter: Fetische, Amulette, Andenken hängen am Rückspiegel, besondere Farben und Materialien schmücken die Sitze, auf der hinteren Ablage steht nicht selten eine kleine Ritualfigur. Manchmal ist es ein Tier, das mit dem Kopf wackelt. In arabischen Ländern wird an der Windschutzscheibe noch eine Hand zur Abwehr schlechter Energien angebracht. In Indien klebt dort ein Bild der Göttin Kali, die als Wächterin des Todes die Schutzgöttin aller Taxifahrer und der AutofahrerInnen allgemein gilt.

Die Wahl der Autofarbe und mehr noch die Buchstaben oder Zahlen auf dem Nummernschild bei uns in Deutschland zeigen, dass Autofahrer geradezu zwanghaft kultische Zusammenhänge suchen, durch eine bestimmte Buchstaben- oder Zahlenkombination Stärke, Selbstbestätigung oder Schutz erwarten.

Tankstellen haben beim Autokult die Funktion der Tempel. Hell erleuchtet, strahlen sie ihre Botschaft in den Nachthimmel: Hier gibt's Kraft-Stoff, hier kannst du auftanken. Hier wirst du gestärkt für die Weiterfahrt. Auf den schützenden Beistand der Geister, die bei AutofahrerInnen aufspringen, würde ich mich jedoch nicht allzu fest verlassen. Wo die Natur ausgebeutet, geknechtet und zerstört wird, haben am Ende auch die Menschen nichts zu lachen. Benzin fürs Auto, sprit für die spirits? Das erfordert schon eine gewisse Virtuosität im Verdrehen der Tatsachen. Bei Menschen mag das ja funktionieren, aber die Geisterwelt können wir nicht belügen. Unsere wahren Absichten werden sichtbar und fallen auf uns zurück. Wer nicht die Möglichkeit zu einer schnellen und beherzten Reaktion hat, braucht Humor, um das Fest der Geister durchzustehen.

Geistertaxis

Einmal besuchte ich einen Freund, der nach einem schweren schizophrenen Schub ins Bezirkskrankenhaus Haar eingeliefert worden war. Kaum hatte ich das Gelände betreten, empfand ich eine chaotische Energie, die noch dadurch gesteigert wurde, dass es mir nicht möglich war, PatientInnen von PflegerInnen oder ÄrztInnen zu unterscheiden. Im Café, in dem ich auf den Freund wartete, stellte sich mir einer als angehender Arzt im Praktikumsjahr vor. Sein Begleiter zupfte fortwährend an den stinkenden Margariten in der Vase. Ich überlegte gerade, was dem wohl fehlen mochte, als er aufstand und zu dem »angehenden Arzt« sagte: »So, jetzt wird's Zeit, du musst jetzt deine Medikamente nehmen.« Ich war verwirrt. Aber später erklärte mir der Freund ganz vernünftig, dass auch das Personal aus ganz bestimmten Gründen hier arbeite. Gerade die behandelnden Ärzte, das wisse jeder Patient, seien besonders instabil. Am schönsten sei es im Fasching, wenn die Betreuer ihre Psychosen endlich ausleben dürften.

Eine Frau saß unter der Uhr in der Abteilung für leichtere Fälle und erzählte in heftigem Tonfall: »Die Uhr ist die Grenze, der Übergang. Wer hinter die Zeit geht, landet hier. Die anderen brauchen die Uhr, um sich an der Wirklichkeit festzuhalten. Aber ganz schlimm ist der Fernseher. Durch den Fernseher sind alle angeschlossen, selbst wenn er ausgeschaltet ist, kommen die Kontrollbotschaften noch durch.« Ich war froh, als ich endlich wieder gehen und dem unklaren energetischen Feld entkommen konnte. Doch was ich sehr deutlich spürte, war die Offenheit und Bereitschaft, mit der die meisten psychisch Kranken die Anwesenheit der Geister wahrnehmen und benennen. Später machte ich einmal ein Ritual mit psychotischen Frauen und bemerkte, wie wohltuend sie das rituelle Bannen von unerwünschten Geistern empfanden. Auch eine Ärztin, die mitmachte, fühlte sich in dem spirituell geklärten Raum sehr wohl und wollte Rituale als eine Art Therapie in ihre Arbeit aufnehmen. Für schamanische und magisch-orientierte Kulturen ist es keine Überraschung, dass Rituale Geister besänftigen und bannen, die sich Menschen als Geistertaxis ausgesucht haben. In Gesängen und Tänzen, mit Rhythmus, Musik und guten Gerüchen bekommen die Geister, was sie wollen, und lassen die Menschen in Ruhe.

Geister springen aber nicht nur bei psychisch instabilen Menschen auf. In der Vorstellung der Stammeskulturen zum Beispiel in Asien oder Afrika sind alle Menschen gefährdet, die entweder mit der Welt (noch) nicht vertraut sind (also kleine Kinder, aber auch besonders verträumte Menschen) oder durch irgendwelche Ereignisse in emotionalen Überdruck geraten. Wer einmal gesehen hat, wie zum Beispiel zwei rivalisierende Autofahrer sich anschreien, anspucken oder sogar körperlich angreifen, weiß: Das sind Geistertaxis.

Menschen, die unvermittelt gewalttätig werden oder in höchsten Tönen schreien und kreischen: Geistertaxis. Natürlich hat die Psychologie, die Medizin dafür andere Erklärungen, doch die Erkenntnisse weiser Frauen, zauberkundiger Menschen sind auch nicht uninteressant. Fällt zum Beispiel jemand in Trance, ist geistesabwesend, nicht mehr ansprechbar, ohne dass ein Ritual diese Trance induziert hätte, wissen sie, dass Geister aufgesprungen sind und diesen Menschen aus der Diesseitswelt in andere Ebenen locken. Meine Mutter nennt dieses Starren in die Luft »Batterie aufladen«, meine Oma sagte dazu »Maulaffen feilhalten«, ich nenne es »Geisterfernsehen« – in die andere Welt schauen, der materiellen Welt nicht mehr zur Verfügung stehen. Tatsächlich hat das eine sehr erholsame Wirkung. Vollkommene Glückseligkeit ohne Anlass. Nicht immer ist der Zustand, ein Geistertaxi zu sein, unangenehm. Es gibt entzückende Geisterpassagiere, die einem während der Fahrt allerhand Interessantes zu erzählen wissen, ein gutes Trinkgeld geben und noch ein paar Geschenke dalassen.

Wenn Geister bei Menschen aufspringen, suchen sie nicht den Transport, sondern Bewegung und Vergnügen. Wenn ich zum Geistertaxi werde, merke ich es daran, dass ich derart geistesabwesend bin, dass ich die materielle Realität nicht mehr wahrgenommen habe. Beim Autofahren konnte das dazu führen, dass ich zwar Hindernissen ausgewichen bin, mich dem Verkehr perfekt angepasst habe, aber trotzdem nicht wusste, wie ich die letzten dreißig Kilometer oder so gefahren war. Manchmal lande ich irgendwo, wo ich gar nicht vorhatte hinzugehen. Oder ich reagiere auf Menschen in völlig ungewohnter Weise, heftig oder besonders heiter, ohne dass ich erklären könnte, wo dieses Gefühl genau herkommt. Massenhysterie, kollektive Begeisterung, Kriegstreiberei, Rachegelüste, kollektive Rührung entstehen durch das Aufspringen der Geister, sie nutzen die Menschen mit ihren Gefühlsausbrüchen als Geistertaxis. Beim Tod von Lady Di ging eine unerklärliche Welle von Mitgefühl, ja Trauer über den Erdball. Menschen, die diese Frau gar nicht kannten, weinten um sie, wie beispielsweise die BewohnerInnen eines Dorfs im Himalaya – Geistertaxis. Nach dem Angriff auf das militärische und wirtschaftliche Zentrum Amerikas wogten die Emotionen hoch auf. Rache! Vergeltung! Krieg! Da wusste noch kein Mensch, wer eigentlich Urheber dieser Gewalt war. Und niemand kümmerte sich darum, dass Gewalt und Krieg – zur Genüge aus der menschlichen Geschichte bekannt – noch nie etwas anderes zur Folge hatten als neue Gewalt und noch grausamere Kriege. In Kriegen wurden Kinder brutalisiert, die später nichts mehr zu verlieren haben und als Selbstmordattentäter neue traumatische Erlebnisse für andere Kinder bringen. Folgte man dem Verstand, der

Erfahrung und handelte im besten Sinn, um Gewalt und Ungerechtigkeiten zu verhindern, muss man ins Gespräch kommen, Not lindern. Es wäre klar, dass Menschen, die nichts mehr zu verlieren haben, gefährlich werden können. Also muss man verhindern, dass es Menschen gibt, die nichts mehr zu verlieren haben. Man müsste sie integrieren, mit ihnen teilen. Doch der unerklärliche, irrationale Impuls, der möglicherweise zur Vernichtung der menschlichen Kultur führt, ist stärker – Geistertaxis. Emotionen vernebeln die nüchterne Einschätzung der Lage und ziehen emotionale Überreaktionen nach sich.

Im Gegensatz zur bekannten Taxifahrt bezahlt bei der Geistertaxifahrt der Fahrer, die Fahrerin. Die Geister springen auf und ab nach Belieben und machen, was sie wollen. Wie wird man sie los? Ein gutes Mittel ist abwarten und Tee trinken. Je schneller Gefühle in Taten umgesetzt werden, umso größer ist die Gefahr, dass Geister aufspringen. Das ist nicht problematisch, weil Geister »böse« sind, sondern, weil die spirituelle Dynamik, die dadurch entsteht, dass Gefühle zu Spitzenausbrüchen hochgepeitscht werden, lebensgefährlich für alle Wesen dieser Erde werden kann. Wie das praktisch aussieht, wissen wir aus der Nazizeit, aus den Weltkriegen, aus dem Abwurf der Atombombe auf Hiroshima, aber auch aus dem Hutu-Tutsi-Krieg in Afrika. Unerklärliche Gewalt von eben noch friedlichen Nachbarn, die plötzlich metzeln, alles niederbrennen und frühere Freunde morden, zerstört die gerade noch geordnete, vertraute Umgebung. Es gibt nur ein Mittel, Geister abzuwerfen, die aufgesprungen sind: Ruhe, heitere Gelassenheit, den schnellen Lösungen misstrauen. Die Buddhisten lösen das durch Meditation und rituelle Handlungen, in Stammeskulturen werden die Geister in rituellen Festen dazu gebracht, sich zu erkennen zu geben. Sie werden versöhnt, geehrt und – sie geben Ruhe.

Ich gehe mit den Geistern durch Räuchern und Rasseln in Kontakt, ich füttere sie mit Gesang und dem Rauch von Salbei oder Wacholder, ich stelle ihnen Wohnorte auf, damit sie nicht bei mir aufspringen müssen und ich zum Geistertaxi werde. Immer klappt's nicht, doch der freundschaftliche Kontakt hilft, die Folgen von halsbrecherischen Geistertaxifahrten zu lindern. Hypnose kann auch zu einer Art Geistertaxifahrt werden.

In einem Hypnoseseminar wollte ein Lehrer die Wirksamkeit von Hypnose demonstrieren und auch zeigen, wie schwer es ist, sich gegen eine fremde einprogrammierte Energie zu wehren. Mit Einwilligung eines Kursteilnehmers hypnotisierte er diesen. Als er aus der Hypnose wieder in den bewussten Wachzustand kam, ging er zum Fenster, wo ein Kartenspiel auf dem Fensterbrett lag. Er griff nach dem Kartenspiel, dann lachte er und sagte: »Ich weiß, Sie haben mir in Hypnose den Befehl gegeben, Ihnen das Pik-Ass zu bringen. Das mache ich aber nicht.«

Der Lehrer zog einen Zwanzigmarkschein aus dem Portemonnaie und sagte: »Ich wette zwanzig Mark,

dass Sie diesem Befehl nicht widerstehen können, obwohl Sie ihn kennen. Noch bevor der Unterricht heute
um fünf Uhr zu Ende ist, werden Sie mir die Karte
geben.«

Der Schüler hielt die Wette.

Den ganzen Tag über, wanderte er immer wieder ge-
dankenverloren zum Fenster und griff nach dem Kartenspiel, lachte und ging wieder auf seinen Platz.
Dann war der Unterricht zu Ende. Der Lehrer gab dem
Schüler den Zwanzigmarkschein. Der Schüler ging
zum Fenster, zog das Pik-Ass aus dem Spiel und gab es
dem Lehrer.

Internet und Impulstechnologie

Ein Wirtschaftsfachmann erklärte mir die Welt einmal so: Da ist die Erde, auf der wir leben, von der wir uns ernähren. Darunter der Erdkern mit dem flüssigen Feuer, dem Magma – die grobstoffliche Welt sozusagen. Darüber liegen die Schichten der gelebten Geschichte der Erde, der Tiere, der Menschen, die Erinnerungen, darüber zieht sich wie ein fein gesponnenes Netz die Welt der Industrie und der Politik, die Verflechtungen und Verbindungen, die überall global geknüpft werden, darüber liegt die Welt der spirituellen Energien, die wieder wie ein eigenes Netzwerk die Erde einhüllen. Und darüber liegt die Vernetzung der Impulstechnolgie, des Internets.

Während die stoffliche Ebene also sichtbar und fühlbar ist, hängen alle anderen Ebenen von der Wahrnehmung ab – das heißt: Was nehmen wir für wahr, was erscheint uns wahrscheinlich und wird deshalb im Hirn gespeichert.

Die Wahrnehmungen der Menschen sind unterschiedlich, also gibt es so viele Wirklichkeiten, wie es Menschen gibt. Alle kämpfen um die Gültigkeit ihrer

Wirklichkeit. Was wir nicht sehen und greifen können, bleibt spekulativ. Es gibt also eine Realität der gemeinsamen Absprache, also die Übereinkunft, Wirklichkeit zu definieren: Das ist ein Stuhl, das ist ein Zug und der fährt zu dieser Zeit ab. Die Zeit wurde auch genormt, sodass alle sich irgendwie aneinander orientieren können. Ich steige also in einen Zug und das ist Wirklichkeit. Es gibt jedoch auch eine andere Wirklichkeit, die lässt sich nicht so ohne weiteres in eine Übereinkunft drängen: Alle in einem Zug befindlichen Menschen empfinden die Wirklichkeit anders, erleben andere Ereignisse, obwohl objektiv die Wirklichkeit aller Reisenden die gleiche bleibt. Während eine Frau gemütlich ihre Banane isst, rennt ein Drogendealer an ihr vorbei auf der Flucht vor der Polizei. Während er an ihr vorbeiläuft, überschneiden sich für einen Augenblick ihre Wirklichkeiten. Sie haben eine Schnittstelle gemeinsam. Doch wie anders nehmen sie diese Stelle wahr! Gibt es eine Wirklichkeit, die unabhängig von der Einfärbung des individuellen Schicksals für alle gleich erfahrbar ist? Eine hat vielleicht das entscheidende Aha-Erlebnis, das zu ihrer Berufsqualifikation führt, ein anderer findet die Liebe seines Lebens, ein Dritter hat keine Fahrkarte und erlebt eine nie gekannte Demütigung. Die materielle, grobstoffliche Wirklichkeit ist also nur die Hardware für die Software, die jedes Lebewesen einbringt. Wie jeder weiß, der einen Computer besitzt, ist der Computer nichts, wenn er nicht programmiert ist. Ohne entsprechende

Vorgabe kann man nicht mal die Tastatur ausprobieren. Wir schließen aus diesen Tatsachen allerdings nicht, dass die Software entscheidend ist, dass die grobstoffliche Ebene allein ohne Bedeutung ist. Körperlose Materie, nicht sichtbare, nicht greifbare Realität darf nicht existieren. Das führt dazu, dass zum Beispiel kein Mensch eine Ahnung von der Existenz von Plasma hat – das sind Energieteilchen, die sich von den Atomkernen gelöst haben und frei im Universum schweben. Über neunzig Prozent der Materie im Universum ist Plasma, nur, wir kennen es nicht. Was kennen wir schon? Wir werden ja schon nervös, wenn in der Wohnung ein Paar Schuhe auftaucht, das wir nicht selbst gekauft haben, ein Fingernagel auf dem Boden liegt, den wir nicht selbst abgeschnitten haben, eine Adlerfeder vor der Haustür auftaucht, die wir selbst nicht da hingelegt haben.

Ein Mensch, der nicht haargenau so aussieht, wie wir es seit Geburt gewöhnt sind, jagt uns Schrecken ein. Wie sollen wir uns dann Plasma nähern oder gar Geistern? Um die Verheißungen des Internets und die damit verbundene Möglichkeit, den Horizont über den Suppentellerrand möglicherweise bis in den galaktischen Raum zu erweitern und Lebewesen kennen zu lernen, die wir getrost einmal Geister nennen wollen, wenn dieser Begriff auch hoffnungslos überaltert ist, müssen wir schon ein bisschen weitergehen als zu den allseits bekannten Spukerscheinungen und Hausgeistern. Wie wir uns gegen Krankheitserreger aller Art oder gegen »Allergene« immunisieren, indem wir sanft dosiert mit ihnen unbedrohlich Bekanntschaft machen, gewöhnen wir uns auch an »Impulsvergiftungen« durch Fernseher, Computer, Internet. Das ist den meisten Menschen gar nicht bewusst oder zu »esoterisch«. Falls Sie das auch für esoterisches Geschwätz halten, hier eine kleine Checkliste:

Wie viele Ihrer E-Mails, der Beiträge im Internet haben Sie schon auf ihren Wahrheitsgehalt untersucht? Und wie viele dieser Informationen halten Sie für plausibel/beeinflussen Ihr Verhalten, obwohl Sie nicht wissen, ob diese Information wahr ist?

Wie viele Absender von E-Mails kennen Sie/haben Sie auf die Richtigkeit ihrer Absender/Namensangabe überprüft?

Haben Sie schon einmal überprüft, ob eine Seite im Internet morgen noch genauso dasteht wie heute, ohne dass sie aktualisiert wurde, ob Buchstaben oder Zahlen in einem Text ausgetauscht wurden?

Richtig: Das können Sie gar nicht überprüfen. Und doch finden im Internet die seltsamsten Metamorphosen statt, scheinbar von niemandem eingegeben, der Einfachheit halber »Virus« genannt. Hier kommen die Geister ins Spiel, die in diesem virtuellen Lunapark auf alle nur möglichen Arten surfen. Sie schicken E-Mails ohne Inhalt und Absender, Leerräume zwischen zwei Linien! Sie tanzen auf Worten, bis sie deren Bedeutung so sehr verändert haben, dass man sie nicht wieder erkennt. Sie frieren den summenden Organismus von Computern ein und lähmen damit jede Funktion, nur der Entzug von Strom beendet oft dieses Desaster. Klar, auch ich weiß, dass das Viren sind, die Programme zerlegen, weil sie selbst so programmiert wurden. Doch alle Computerfachleute wissen, dass die Wirkungen, die sich in Computern entfalten, immer häufiger die Summe der eingegebenen Funktionen überschreiten. Und während ich dieses Kapitel schreibe, illustrieren mir die Geister, was ich meine: Meine Antwort auf eine E-Mail kommt dort als haiku an, allerdings mit Worten, die ich so gar nicht geschrieben habe. Ich schreibe einen Eintrag in mein Internet-Tagebuch und das Universum schluckt ihn einfach, während mir der elektronische Tagebuchkoordinator mitteilt, dieser Eintrag sei als vorläufiger Eintrag gespeichert – nur wo im Universum? Sag ich doch: Das Internet ist ein chatroom für Geister. Mit Impulsen kennen sie sich schließlich am besten aus, auf denen reisen und surfen sie. Die Quintessenz ist nicht die Zusammenfassung von Hardware und Software. Die Quintessenz ist freie Energie, ich könnte auch mit der Biochemie sagen »freie Radikale«.

Gibt es Geister im All? Außerirdische?

Genauso gut kann man fragen: Gibt es Bäcker?, während man eine frische Breze isst. Wir kratzen da auf unserer kleinen Strafkolonie herum, verdammt zu Aktivitäten innerhalb der Schwerkraft und des Körpers (was die nächste ahnungslose Frage auslöst: Gibt es eine Existenz jenseits des Körpers?), bewacht von den Pulsaren, die sich nur wundern, wie schnell sich Energieformen wie wir in einer Zeit-Raum-Gefangenschaft einrichten, obwohl sie sich an ihren Ursprung erinnern müssten. Die Pulsare sind fünf relativ kleine Himmelskörper, die sich alle in genau dem gleichen Abstand von der Erde um sich selbst drehen, nicht etwa um die Erde, und zwar so regelmäßig und unbeirrbar, dass die Welt ihre Uhren nach ihnen stellt. Sie suggerierten uns das Internet, sie hauchten uns die Idee ein, dass Impulse Netzwerke bilden könnten (erinnern Sie sich? Frei fliegende Impulse, freie Wahl des Aufenthaltsortes?). Mein Physiklehrer im Gymnasium pflegte zu sagen: Wenn es Außerirdische gibt, dann haben sie mit den Pulsaren zu tun.

Und wir schlagen die Hände über dem Kopf zusammen und die Türen zu und stöhnen: Alles so unübersichtlich, so bedrohlich, so esoterisch!

Natürlich sind Computer doof. Und Impulse sind unberechenbar, unkontrollierbar, auch wenn das niemand zugibt. Computer sind die Körper, in denen Impulse tanzen. Die Frage ist gar nicht die nach der Intelligenz von Computern. Die Frage ist vielmehr: Welche Impulse tun sich zu welchen Energiefeldern zusammen? Mal wird's die Evolution auf einem Planeten, mal ein Sonnenwind, mal ein Sonnenbrand, mal das Internet, mal reisen ein paar Neutrinos los. Sogar Musik und Poesie entstehen so. Wer ein Mobiltelefon benutzt, macht sich nicht klar, dass die Mobilfunkantennen Geisterhäuser sind, die uns mit ihrer überschüssigen Energie bombardieren.

Was tun freie Impulse, ich könnte auch sagen freie Geister, die auf die Internetstruktur treffen? Sie vergnügen sich drin wie in einer Achterbahn? Sie machen vielleicht sogar Ausflüge in diesen mühsam errichteten Vergnügungspark im Universum und tauchen in unseren Computern auf als »Kaminzimmer« (das Wort erschien auf dem Bildschirm einer befreundeten Übersetzerin) oder als »zeitgleich« (schrieb es in meinem Computer ohne entsprechende Anweisung) oder vielleicht als eine Folge »sinnlos« aneinander gereihter Buchstaben und Zahlen, die niemand eingetippt hat und niemand entziffern kann. Ich habe schon erlebt, dass ein Text, den ich geschrieben habe, von Geistern korrigiert wurde.

Mit unserem ego-zentrischen, geo-zentrischen Weltbild (eben nur »Welt« und nur »Bild«) können wir uns immer nur die Blickrichtung nach außen vorstellen. Alles andere ist Esoterik. Wir werden, aus dem Universum gesehen, wahrgenommen, vielleicht sogar beobachtet? Paranoia. Andere Wesen nehmen uns wahr? Esoterik! Es gibt einen energetischen Austausch und Kommunikation zwischen uns und körperlosen Wesen? Irrationaler Unsinn...

Von außen gesehen wirkt allerdings unser eifersüchtig gehüteter Lebensraum ein wenig bizarr: Die Erde ist eine kleine Kugel, nicht mal eine Sonne, auf der sich Kleinstlebewesen aufhalten (wir), die sich für allmächtig und einzigartig intelligent halten, allerdings nur in einem sehr eng definierten Lebensraum überhaupt lebensfähig sind. Diese Lebewesen denken zudem, dass sie die Einzigen im Universum sind und stellen Regeln auf, die sie für Naturgesetze halten. Andere Lebewesen erkennen sie nicht, auch wenn sie ihnen begegnen. Vielmehr glauben sie bei den meisten Begegnungen, dass sie den Verstand verlieren. Die einzig vorgesehene Verhaltensregel fremdartigen Wesen gegenüber ist: bekämpfen, vernichten. Wer oder was sich nicht bei der ersten Begegnung mit Geschenken und Wohltaten einbringt, wird, wenn möglich, ausradiert (wobei die Erdenbewohner ihre diesbezüglichen Fähigkeiten weit überschätzen).

Ist man ihrer Sprache nicht kundig – und wohlgemerkt sie sprechen auf jedem Fleck ihres Planeten eine andere und bekämpfen sich auch untereinander als Feinde –, sind sie nicht in der Lage, andere Kommunikationsformen zu akzeptieren oder gar selbst zu entwickeln. Sogar Tieren versuchen sie, ihre eigene Sprache aufzudrängen, anstatt sich mit der komplexen Kommunikationsstruktur anderer Lebewesen zu beschäftigen. Sie denken und handeln linear, was mit ihren Lebensbedingungen zu tun hat. Ihre Körper zerfallen in kürzester Zeit. Diese Zerfallszeit verkürzen sie oft noch durch autoaggressive Handlungen oder Kämpfe gegeneinander. Am meisten ängstigen sie sich vor dem Raum außerhalb ihres Energiefeldes und vor dem Zerfall des Körpers, den sie nicht als Befreiung ihres Energiepotenzials, sondern als Ende ihrer Existenz empfinden.

Gibt es also Geister? Außerirdische?

Gibt es uns überhaupt? Sind wir vielleicht der Alb-
traum eines frei schwebenden Energieteilchens? Der
Traum der Schmetterlingsfrau? Das Gespinst der Spinnenfrau? Die Vision eines intergalaktischen Impuls-
projekts?

Dann wird es jedenfalls Zeit, die Welt umzuträumen.

Mit Geistern leben

Zweimal im Jahr putze ich den Boden meiner Wohnung und das Treppenhaus mit Schachtelhalm-Sud und mit Artemisia (Beifußkraut). Das vertreibt unangenehme Energien und holt die wilde Kraft ins Haus. Auch das Putzen der Wohnung mit ätherischen Ölen schafft eine Art Geisterhängematte, in der sich friedliche Energien gern aufhalten. An meiner Tür hängt eine Hühnerkralle, die potenzielle Einbrecher wirksam entmutigt. Wie macht sie das? Einerseits jagt sie den meisten Menschen Gruselschauer über die Haut. Andererseits erinnert sie daran, dass es nicht nur das Leben, sondern auch den Tod gibt und dass der Übergang oft unvermutet und schnell kommt. Ich habe auch festgestellt, dass viele Einbrecher sehr spirituelle, ja abergläubische Menschen sind. Früher einmal wurde in dem Haus, in dem ich jetzt wieder lebe, eingebrochen. Alle Wohnungstüren wurden aufgebrochen, nur meine nicht. Ich hatte allerdings nach zwei Einbrüchen einen Zettel an die Tür gehängt: »Bitte nicht aufbrechen, Schlüssel liegt unter der Matte.« Diese Art von unkonventionellem Verhalten lieben Geister besonders. Sie weben weiter an den Vorgaben, machen kostbare Dinge unsichtbar, erzeugen Schreckmomente und Ängste.

Ein Techniker der Telekom musste einmal bei mir das Fax einrichten. Der Anschluss war im Zauberzimmer. Er steckte kurz den Kopf hinter den Seidensari, der dem Zimmer als Verhüllung dient, und schreckte zurück. Ich musste seinen magischen Hörer, mit dem er Leitungen abhören und Kontakt zu allen möglichen Anschlüssen herstellen kann, einstecken. Er reparierte ein bisschen am Fax herum und ging wieder. Seinen Hörer vergaß er. Drei Wochen später rief ich an: »Was ist los, wollen Sie nicht endlich Ihren Hörer wieder holen?«, fragte ich. Er fiel aus allen Wolken: »Bei Ihnen ist der! Und ich hab schon jemand anderen verdächtigt.« Er WUSSTE überhaupt nicht mehr, dass er den Hörer bei mir verwendet und vergessen hatte. Ich erzählte es den Geistern im Zauberzimmer. Vorher hatte ich Göttinnenplätzchen gebacken und ausgelegt. Das gab ein lustiges Fest!

Beschützt von Baumgeistern des Neunholzes, Zweige von neun verschiedenen Bäumen, die, zu einem Bündel gebunden, über der Tür hängen, fühle ich mich derart sicher, dass ich manchmal sogar vergesse, die Wohnungstür zuzumachen. Ich merke es erst, wenn meine alte Nachbarin klopft und sagt: »Sie haben Ihre Tür schon wieder nicht geschlossen.« Die Geister meiner Grünpflanzen fühlen sich anscheinend ohne mich am wohlsten, denn sie blühen am schönsten, wenn ich nicht da bin. Wahrscheinlich ist denen mein Geist zu unruhig. Im Flur meiner Wohnung habe ich vor dem großen Spiegel einen Steinaltar aufgebaut. Steine erinnern mich daran, dass Zeit keine Rolle spielt und Verdichtung von Energie wesentlich zur sinnlichen Erfahrung dieses Lebens beiträgt. Steine liegen auch in allen Zimmern. Mit ihnen kommuniziere ich am liebsten. Manchmal lege ich sie zu einem Kreis, setze mich hinein und lausche auf ihre unhörbaren, aber fühlbaren Botschaften. Vielleicht ist es wie mit den Pheromonen, mit diesen feinstofflichen Düften, die man nicht wirklich riechen kann. Es gibt irgendwo im Körperuniversum eine Art Navigatorsystem, das diese von den Sinnen, vom Bewusstsein erst mal nicht wahrnehmbare Impulse aufnimmt und einordnet. Dieses System wird gern Intuition genannt, aber ich glaube, irgendwann wird man wissen, dass das gar nicht so mystisch und geheimnisvoll ist, wie wir jetzt denken, nur weil wir jetzt noch keine Messgeräte dafür haben. Wahrscheinlich fühlte sich auch der Hausverwalter, der einmal zu Besuch kam, von meinen Geistern verzaubert, ich habe nämlich nie erfahren, was er eigentlich wollte, dafür erzählte er mir, dass er auch einmal längere Zeit in Bali war.

Wie fast alle Menschen, habe ich überall Fotos von all jenen, die ich liebe, deren Anwesenheit ich gern spüre, wenn sie nicht selbst da sind. So wie im Winter die Heizung angenehm ist, empfinde ich auch ihre Energie als wärmend. Die Anwesenheit der Geister in meiner Wohnung ist wie ein Lied, auf das ich höre, wie ein Gewebe, das mich einhüllt, wie ein Teppich, in den ich mich einrolle, wie ein feiner Geruch, den ich genieße, wie der köstliche Tee, den ich trinke. Im Göttinnenzimmer ist diese Energie besonders stark. Zwischen den Figuren der mythischen Frauen aus aller Welt tummeln sich Fetische, die einmal von Zauberkundigen Afrikas oder Indiens, Tibets oder Nepals aufgeladen wurden und jetzt ihre wohlige Kraft an mich abgeben. Während Erwachsene dieses Zimmer mit einer gewissen Scheu oft gar nicht betreten können, lieben alle Kinder das bunte Durcheinander der Wesen aus aller Welt. Und wer sich dem Raum mit Wohlwollen und Heiterkeit nähert, findet dort die gleiche Energie wieder.

Der Meteorstein pulst unablässig seine langsame, dichte Energie durch die Wohnung. Manchmal trage ich ihn in die Nacht hinaus und zeige ihm den Sternenhimmel und den Mond. Als Kind hat mich die Unendlichkeit des Weltalls, die Dunkelheit des weiten Raums oft geängstigt. Seit Meteoriten bei mir wohnen, fühle ich mich immer vertrauter mit der Gewissheit, dass wir alle in diesem leeren Raum zu Hause sind. Fünf kleine bemalte und beschnitzte Tierschädel aus Lombok, die dort einmal Hühnerdiebe vertreiben sollten, vertreiben bei mir alle, die mir nicht gut gesinnt sind. In meinem Schlafzimmer verbreiten frühgeschichtliche Steinamulette eine uralte Energie. Manchmal spiele ich auf einer neolithischen Steinflöte. Ich entlocke ihr nur einen einzigen Ton, doch einmal war eine Posaunistin bei mir, die konnte erstaunliche Musik in diesem Stein wecken.

Eine Maske aus Gusseisen, die ein nepalischer Handwerker für mich machte und die ich selbst bemalte,
schafft es, den Geist der kleinen Werkstatt wieder hervorzurufen, das Feuer, den Geruch des Rauchs, das Lachen des Handwerkers. Und dann ist da noch die Tro-
phäe eines Naga-Kopfjägers, eine kleine Bronzemaske,
ein Gesicht, die einmal einen Schuss abgefangen hat.
Heiterkeit steigt auf in mir, wenn ich in das lachende
Gesicht schaue. Sehne ich mich nach Tibet, rieche ich
an dem Lederbeutel, in dem der Nomade seine ranzige
Butter aufbewahrte. Dann spüre ich augenblicklich den
scharfen Wind und den mächtigen tiefen Ton des tibetischen Hochlandes. Ich bewahre in verschiedenen
Blechdosen Kräuter aus der Sahara, aus Nepal, Tibet,
Indien und Afrika auf. Ich muss mir gar keinen Tee machen, um die heilende Energie dieser Kräuter aufzunehmen. Ich setze mich einfach zu ihnen, rieche an
ihnen und lasse meinen Geist mit dem Geist der Pflanzen verschmelzen.

Aus den Bildern, die ich malte, um Wesen zu rufen,
Göttinnen-Kraft zu mir zu holen, in den dunklen Spiegel der Erinnerung zu schauen, tanzt mir die Kraft entgegen, die sich mit mir verbünden will. Das Ritualpad-
del aus Neuguinea führt mich über die Grenze zur anderen Seite des Lebens und macht mich mit den Totengeistern bekannt. Die Orakel-Kopf-Figur aus dem
Kongo ruft die Geister der AhnInnen, die meine Fragen
und die von mir gefundenen Antworten belächeln. Und
immer taucht auch das verschmitzte Gesicht von mei-

ner alten Freundin Elly Beurer auf, die mit über neunzig Jahren starb, nachdem sie bis zuletzt ihren kleinen Laden mit Kunst aus fernen Ländern führte, die mich einmal zum Tee trinken in ihr Heiligtum, ihr kleines Gartenhaus einlud, wo Masken, chinesisches Geschirr und uralte Zeitungen eine ganz besondere Geistermischung hervorriefen.

Afrikanische Gewebe lassen den Gesang der Frauen aufsteigen, aber auch ihre Nöte und Sorgen; das Gackern der Hühner, das Knattern der Mopeds und der Kultmörser für Hirse mit den Brüsten erzeugt wieder das rhythmische Stampfen.

Obwohl ich keine Buddhistin bin, besänftigt mich der kleine Buddha aus Burma. Und wenn ich ihn sehe, muss ich immer lachen. Am Starnberger See wurde einmal ein Villenhaushalt von Erben aufgelöst. Diesen Buddha können Sie ganz billig haben, sagte der Mann zu mir, der alles verkaufte. Der ist so schmutzig, der wurde ausgegraben und nicht richtig sauber gemacht. Schmutzige Dinge sind bei mir immer gut aufgehoben, denn in der Erde, im Sand, im Lehm ist die Energie, die ich am meisten liebe, die Urkraft der Erde.

Und dann ist da noch das tibetische Lederamulett. Ein Mönch im Kloster Ganden in Tibet schenkte es mir. Es enthält das Kalachakra-Mandala, das Wesen der Zeit und der Zeitlosigkeit. Es erinnert mich an den Wandel aller Formen und aller Wesen. Nichts bleibt, wie es war. Einmal werde ich wie alle Wesen im unendlichen Raum mit allen Energien tanzen.

Weitere Bücher von
Luisa Francia

DAS MAGISCHE KOCHBUCH

Die verborgene Magie der Speisen, das Geheimnis um zauberhafte Rezepte und die Kräfte stärkende Zubereitung entschlüsselt von einer weisen Frau.

Das ganz andere Kochbuch über die Magie des Kochens und des Essens: Mit Gerichten und Geschichten, die verzaubern.

144 Seiten, ISBN 3-485-00387-0, Mary Hahn

DIE MAGIE DES ANKOMMENS

Die eigenen Traumpfade und Kraftorte entdecken. Wer wirklich ankommt, bei sich selbst, in der spirituellen Energie eines Ortes, im Augenblick, kann genausogut zu Hause bleiben und Phantasiereisen mit dem Geist unternehmen. Luisa Francia gibt Tipps für glückseliges Reisen und erzählt von ihren ganz persönlichen Orten der Kraft.

208 Seiten, ISBN 3-485-00813-3, nymphenburger

DER UNTERE HIMMEL

Schon viele Bergsteigerinnen standen auf den Gipfeln von Achttausendern, doch hört man selten von ihnen. Luisa Francia bietet einen spannenden Einblick in die Beweggründe von Frauen, die in die Todeszone steigen und alles riskieren.

208 Seiten, ISBN 3-485-00813-3, nymphenburger